SCHLANGEN UND REPTILIEN

SCHLANGEN UND REPTILIEN

Bildnachweis

Alle Abbildungen von OKAPIA KG,
Frankfurt am Main

Autor

Dr. Hans W. Kothe

Inhalt

Einführung

Im Reich der Reptilien

Viele Menschen halten Reptilien, auch Kriechtiere genannt, für primitive Lebewesen, was möglicherweise damit zusammenhängt, dass einige noch an Dinosaurier erinnern, also an jene urzeitlichen Lebewesen, die vor etwa 62 Millionen Jahren ausstarben. Tatsächlich sind Kriechtiere aber eine sehr vielgestaltige und erfolgreiche Wirbeltiergruppe, deren Mitglieder es geschafft haben, die unterschiedlichsten Lebensräume der Erde zu besiedeln.

Möglich wurde die Eroberung der verschiedensten Biotope nicht zuletzt dadurch, dass Reptilien bei der Fortpflanzung nicht mehr auf das Wasser angewiesen sind. Denn während Amphibien, also Frösche, Kröten oder Molche und Salamander, zur Eiablage stets ein Gewässer auf-

suchen müssen, weil ihren Eiern eine feste Hülle fehlt, haben die der Reptilien eine schützende, aber dennoch atmungsaktive Schale und eine zusätzliche Embryonalhaut, in der der Embryo wie in einem mit Flüssigkeit gefüllten Beutel schwimmt. Bei einigen Arten schlüpfen die Jungen aber auch schon im Körper der Mutter aus den Eiern. Man sagt dann, sie seien lebend gebärend. Werden Eier gelegt, dann findet die Ablage immer an Land statt, auch bei Arten, die sich sonst überwiegend im Wasser aufhalten, etwa Meeresschildkröten.

Die meisten Reptilien sind harmlos, aber einige Arten können auch Menschen durchaus gefährlich werden. Das gilt beispielsweise für eine Reihe von Schlangen, die ein tödlich wirkendes Gift besitzen, aber auch für einige Krokodile, die so groß sind, dass selbst Menschen in ihr Beuteschema passen. Allerdings suchen selbst die gefährlichsten Giftschlangen ihr Heil zumeist in der Flucht, wenn sie gestört werden. Treibt man sie in die Enge, können viele jedoch zu unberechenbaren und gefährlichen Individuen werden. Und wird man von einer der etwa 50 Schlangen gebissen, die ein auch für Menschen tödlich wirkendes Gift besitzen, hilft zumeist nur noch die möglichst schnelle Behandlung mit einem entsprechenden Antitoxin, also einem Gegengift.

Gefährliche Kälte

Alle Reptilien sind wechselwarme Tiere, das heißt ihre Körpertemperatur hängt von der jeweiligen Außentemperatur ab. Daher findet man besonders viele Mitglieder dieser Gruppe auch in wärmeren Regionen, vor allem in den Tropen und Subtropen, wo sie durch die gleichbleibend hohen Temperaturen optimale Bedingungen vorfinden. Allerdings kommen in den gemäßigten Zonen der Erde ebenfalls zahlreiche Arten vor, darunter auch in Mitteleuropa. Bei ihnen ist jedoch auffällig, dass sie besonders häufig in der Sonne sitzen, vor allem in den Morgenstunden. Der Grund dafür ist, dass sie sich nach der kühleren Nacht erst Aufwärmen müssen, damit sie ihre Aktivitätstemperatur erreichen. In dieser Zeit sind sie ihren Feinden dann allerdings fast hilflos ausgeliefert, und Ähnliches gilt für besonders kühle Tage.

Andererseits darf sich ein Reptilienkörper auch nicht zu stark aufwärmen, denn die Tiere besitzen keine Schweißdrüsen, mit deren Hilfe sie ihre Temperatur regulieren könnten. Daher verschwinden sie bei hohen Temperaturen, etwa in der Mittagshitze, auch schnell wieder im Schatten oder im Wasser, um sich abzukühlen. Auf diese Weise gelingt es den Reptilien, ihre Körpertemperatur einigermaßen konstant zu halten.

Wechselwarme Tiere müssen also aufgrund ihrer Abhängigkeit von der Außentemperatur einige Einschränkungen gegenüber warmblütigen Arten hinnehmen, aber es gibt auch Vorteile. So können sie vor allem viel länger ohne oder mit nur sehr wenig Nahrung auskommen als alle warmblütigen Tiere und der Mensch, denn sie müssen ja nicht große Mengen an Energie aufwenden, um den Körper auf einem gleichmäßig hohen Temperaturniveau zu halten.

Die ersten Reptilien

Die Vorfahren der heutigen Reptilien tauchten vor etwa 340 Millionen Jahren im Zeitalter des Karbons auf. Sie sahen aller Wahrscheinlichkeit nach aus wie Eidechsen und besaßen, wie man aus den Versteinerungen weiß, ganz ähnliche Schuppen, wie wir sie von heutigen Reptilien kennen. Aus diesen Formen entwickelten sich dann im Perm, also vor rund 290 bis 248 Millionen Jahren eine Reihe urtümlicher Landwirbeltiere. Dazu gehörten die räuberisch lebenden Therapsiden, aus denen später die Säugetiere hervorgingen, ebenso wie die Urahnen der Dinosaurier, Flugsaurier, Meeresreptilien, aber auch der heutigen Reptiliengruppen.

Vor rund 251 Millionen Jahren, am Ende der Wende vom Perm zur Trias, ereignete sich dann eine fürchterliche, weltweite Klimakatastrophe. Vermutlich bedingt durch zahlreiche Vulkanausbrüche innerhalb eines relativ kurzen Zeitraums und den dadurch erhöhten Kohlendioxidgehalt in der Atmosphäre, stieg die Temperatur auf der gesamten Erde deutlich an. Die Folge war das größte Massensterben der Erdgeschichte. Man schätzt, dass durch diese Katastrophe 90 Prozent aller Meeresorganismen und ungefähr 75 Prozent aller Landpflanzen und -tiere ausstarben.

Als sich die Lebensbedingungen im Verlauf der nächsten Jahrmillionen dann wieder normalisierten, nutzten einige der Organismen ihre Chance und brachten innerhalb relativ kurzer Zeit eine ungeheure Formenfülle hervor. Dazu gehörten auch die überlebenden Saurierarten, die schon bald darauf zur domi-

nierenden Tiergruppe auf dem Planeten wurden. Die Blütezeit der Dinosaurier hatte begonnen. So entstanden aus kleinen, unscheinbaren Reptilien gewaltige, haushohe Echsen mit einer Länge von über 30 Meter und einem Gewicht von 50 Tonnen oder mehr, aber auch nur 60 Zentimeter große, auf zwei Beinen laufende Arten, die ein Dasein als flinke und erfolgreiche Jäger führten.
Allerdings war auch die Zeit der „schrecklichen Echsen", was Dinosaurier übersetzt in etwa bedeutet, nicht von Dauer, denn die meisten von ihnen starben vor etwa 65 Millionen Jahre wieder aus. Der Grund war vermutlich ein Meteoriteneinschlag, der das Leben auf der Erde für zahlreiche Lebewesen unmöglich machte. Dazu gehörten alle großwüchsigen, auf dem Land lebenden Dinosaurier. Sie verschwanden für immer von unserem Planeten. Aber eine Reihe von Reptiliengruppen überlebte, und aus diesen

entwickelten sich in der Folge unsere heutigen Reptilienarten und auch die Vögel, denn sie sind durch ihre direkte Abstammung von bestimmten Raubsauriern mit den Schlangen, Echsen, Krokodilen, Schildkröten und Brückenechsen näher verwandt als mit jeder anderen Tiergruppe.
Heute umfasst die Klasse Reptilia (Reptilien) etwa 6660 Arten, von denen mittlerweile leider viele in ihrem Bestand gefährdet sind. Untergliedert wird die Klasse in die vier Ordnungen Testudines (Schildkröten), Crocodylia (Krokodile), Rhynchocephalia (Tuataras oder Schnabelköpfe) und Squamata (Eigentliche Schuppenkriechtiere). Letztere wird zumeist noch in drei Unterordnungen aufgeteilt: in die Lacertilia (Echsen), Amphisbaenia (Doppelschleichen) und Serpentes (Schlangen).

Wachsen bis ans Lebensende

Im Gegensatz zu Säugetieren wachsen Reptilien ein Leben lang, sodass viele Arten sehr groß und schwer werden. Beispiele dafür sind bestimmte Meeresschildkröten, die ein Gewicht von bis zu 750 Kilogramm erreichen oder auch große Schlangen wie Pythons und Anakondas, die bis zu neun Meter lang werden können. Außerdem weisen zahlreiche Reptilien Besonderheiten im Aufbau ihres Knochengerüsts auf. So ist bei den Schildkröten der größte Teil der Wirbelsäule, der Rippen und des Schultergürtels mit den Hautknochen verwachsen, um so den typischen Schildkrötenpanzer zu bilden.

Aber auch Schlangen haben ein Skelett, das stark von dem anderer Wirbeltiere abweicht. So besitzen sie bekanntlich keine Beine, dafür aber eine

stark biegsame Wirbelsäule mit sehr vielen Wirbeln, die ihnen die typische schlängelnde Fortbewegung ermöglicht. Bei großen Pythons sind es beispielsweise bis zu 400 einzelne Wirbel, während der Mensch nur 34 besitzt. Außerdem sind die Rippen der Schlangen durch Gelenke mit der Wirbelsäule verbunden und somit sehr beweglich, was notwendig ist, damit auch große Beutetiere, die Schlangen unzerkaut verschlingen, durch den Verdauungstrakt geschleust werden können.

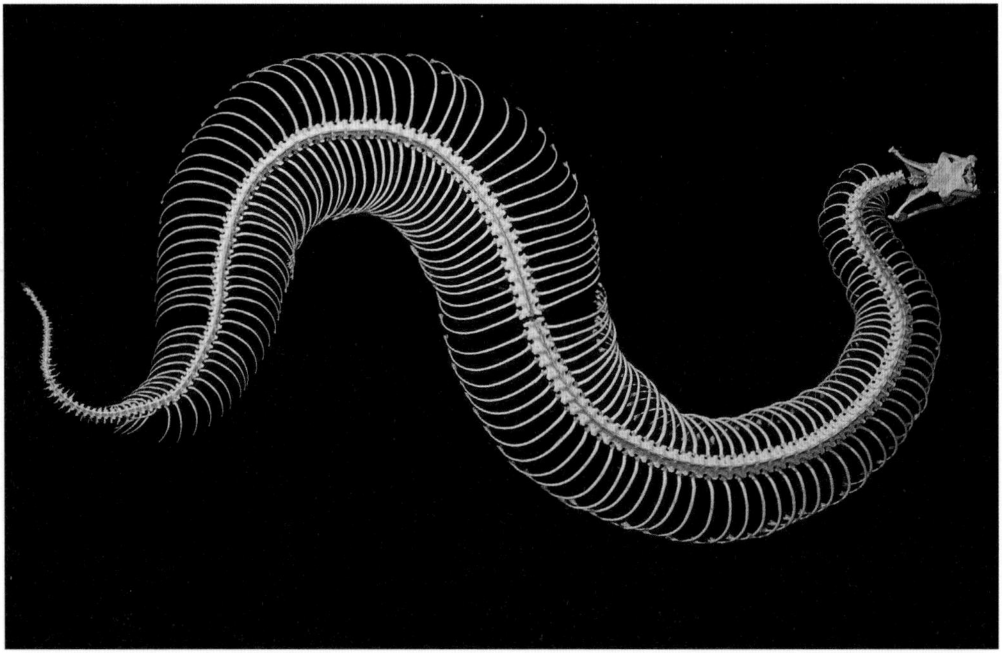

Ungewöhnlich ist aber auch der Schädel der Schlangen, denn der Unterkiefer ist bei den meisten Arten über zwei Gelenke mit dem Schädel verbunden, sodass sich das Maul sehr weit öffnen lässt, um selbst vergleichsweise große Beutetiere zu packen. Außerdem besteht der Unterkiefer aus zwei Hälften, die am Vorderende durch ein elastisches Band miteinander verbunden sind. Dadurch ist es Schlangen möglich, ihre oft große Beute mit den Zähnen zu ergreifen und immer abwechselnd eine Kieferhälfte über die Beute zu schieben, sodass diese nach und nach im Schlund verschwindet.

Besonders beneiden kann man die Reptilien aber um ihre Zähne, denn diese wachsen immer wieder nach. Und das gilt auch für die Furcht erregenden, bis 13 Zentimeter langen Zähne großer Krokodile oder die Giftzähne der Schlangen, die ein oft tödlich wirkendes Gift in den Körper ihrer Opfer injizieren können. Allerdings haben nicht alle Reptilien Zähne, etwa Schildkröten, die ihre Nahrung mit scharkantigen Hornschneiden zerteilen.

Haut und Schuppen

Reptilien haben eine trockene, drüsenarme Haut, deren verhornte äußere Schicht in Schuppen gegliedert oder auch durch Knochenplatten verstärkt ist. Bei Schlangen und Echsen wächst diese verhornte Oberhaut, die aus abgestorbenen Zellen besteht, nicht mehr, sodass sich diese Tiere regelmäßig häuten müssen. Besonders häufig ist dies bei Jungtieren der Fall, die sonst überhaupt nicht wachsen könnten.

Bei der Häutung wird die oberste Hautschicht vollkommen abgestoßen und durch eine neue, größere ersetzt, die sich bereits unter der alten Haut gebildet hat. Schlangen streifen ihre Haut zumeist als Ganzes ab, indem sie aus der alten Haut herauskriechen, die zuvor vom Kopf her aufreißt. Bei Echsen lösen sich dagegen zumeist einzelne Hautfetzen ab, und Krokodile beziehungsweise Schildkröten häuten sich überhaupt nicht, sondern bei ihnen lösen sich ständig Schuppen ab, die dann erneuert werden.

Die oft leuchtende Färbung oder auffällige Zeichnung vieler Reptilien kommt durch Farbzellen zustande, die in der Unterhaut sitzen. Bei zahlreichen Reptilien ändert sich die Färbung manchmal, etwa bei einem plötzlichen Stimmungsumschwung oder wenn sie sich erschrecken.

Das bekannteste Beispiel dafür ist sicherlich das Chamäleon (siehe Abbildung Seite 19), aber es gibt auch noch andere Echsen und einige Schlangen, bei denen man dieses Phänomen beobachten kann. Der Farbwechsel wird häufig durch Hormone hervorgerufen, die auf spezielle Pigmentzellen einwirken, die in zwei Schichten in der Reptilienhaut sitzen. Dadurch kommt es zu Wechselwirkungen zwischen den beiden Pigmentschichten und dem oft erstaunlichen Farbwechsel. Aber bei einigen Reptilien, vor allem Schlangen, spielen die Schuppen auch eine wichtige Rolle bei der Fortbewegung, wie auf den nächsten Seiten nachzulesen ist.

Formen der Fortbewegung

Wie bei den meisten Tieren üblich, bewegen sich auch viele Reptilien auf vier Beinen vorwärts. Für Schlangen und einige Echsen gilt das allerdings nicht. Deren Vorfahren besaßen zwar noch Beine, die im Verlauf der Evolution aber immer weiter zurückgebildet wurden, weil die Tiere neue Formen der Fortbewegung entwickelten.

Es geht auch ohne Beine

Die bekannteste Art der Fortbewegung bei den Schlangen ist das seitliche Schlängeln. Dabei ist der gesamte Körper des Tieres auf dem Untergrund kontinuierlich in Bewegung, denn die Schlange erzeugt abwechselnd auf jeder

Körperseite vom Kopf bis zum Schwanz aufeinanderfolgende s-förmige Wellen, die durch Kontraktion und Erschlaffung der Bewegungsmuskulatur hervorgerufen werden. Die Vorwärtsbewegung erfolgt dadurch, dass die Tiere ihre scharfkantigen Bauchschuppen gegen Unebenheiten des Untergrunds drücken und sich mit den Flanken von Pflanzenstängeln, Wurzeln oder Steinen abstoßen. Aber auch viele Echsen, die ganz normale Beine haben, zeigen beim Laufen so etwas wie eine Schlängelbewegung, die ebenfalls den ganzen Körper durchläuft, wobei der Kopf als Gegengewicht zum Schwanz dient und die Beine wech-

selseitig bewegt werden. Dabei setzt der jeweilige Hinterfuß nahe dem Punkt auf, den der Vorderfuß kurz zuvor verlassen hat.
Eine andere Form der Fortbewegung bei den Schlangen ist das geradlinige Vorwärtskriechen. Dazu werden die Bauchschuppen in kleinen Gruppen angehoben, nach vorn geschoben und dann mit ihrem hinteren Rand am Untergrund verankert. Anschließend ziehen die Tiere den Körper über diesen Halt nach. Die Schuppengruppen wirken also ähnlich wie kleine Füßchen, sodass die Bewegungen denen eines Tausendfüßers nicht unähnlich sind. Diese recht langsame Form des Vorwärtskriechens findet man vor allem bei sehr schweren oder großen Arten, etwa Riesenschlangen.

Bei der ziehharmonikaartigen Form der Fortbewegung sieht die entsprechende Schlange aus, als würde sie sich abwechselnd zusammenziehen und strecken. Dazu verankert sie zunächst den hinteren Teil des Körpers mit den Bauchschuppen am Boden und schiebt dann den Vorderkörper nach vorn. Anschließend werden die Rollen vertauscht, also der Vorderkörper am Untergrund verankert und der hintere Teil nachgezogen, wodurch eine harmonische Wellenbewegung im Schlangenkörper entsteht. Mithilfe dieser Form der Fortbewegung können Schlangen auch an rauen Baumstämmen oder Mauern emporkriechen.

Eine vierte, vergleichsweise seltene Form der Fortbewegung ist das Seitenwinden. Bevorzugt wird diese Art der Bewegung vor allem von Schlangen, die häufig Flächen mit lockerem Sand, etwa in Wüstengebieten, überwinden müssen.

Um den nötigen Vortrieb zu erhalten, bilden die Tiere Körperschlingen, von denen sie die vordere und hintere abwechselnd anheben und absetzen, sodass sich der Körper seitwärts nach vorn bewegt. Auf diese Weise berührt die Schlange den Boden immer nur an zwei identischen Stellen, und weil der Druck zudem nach unten ausgeübt wird, unterbleibt ein Verrutschen des lockeren Untergrunds. Außerdem ist der Körper auf diese Weise dem oft glühend heißen Sand weniger stark ausgesetzt.

Springen und Gleiten

Einige Schlangen können aber auch recht gut springen. Dazu stoßen sie sich bei der Jagd von kleinen Erhebungen auf dem Boden ab, um sich im Sprung auf eine Beute zu stürzen. Dabei überwinden sie manchmal Entfernungen bis zu einem Meter. Und die Schmuckbaumnattern (Gattung *Chrysopelea*), die gern in Bäumen herumkriechen, sind in der Lage, ihren eigentlich runden Körper im Sprung stark abzuflachen, damit er mehr Luftwiderstand bietet und die Tiere so eine kleine Strecke zwischen zwei Bäumen im Gleitflug zurücklegen können.
Dieses Gleiten durch die Luft haben einige Echsen, die sogenannten Flugdrachen, sogar noch weiter perfektioniert, denn sie besitzen schuppige Hautlappen, die von aus dem Körper herausragenden Rippen gestützt werden. Diese breiten die kleinen Echsen häufig aus, wenn sie vor Feinden fliehen müssen, denn sie können auf diese Weise von einem erhöhten Standpunkt aus bis zu 30 Meter an einen sichereren Platz gleiten.

Sinneswahrnehmung – Riechen mit der Zunge

Die meisten Reptilien orientieren sich in ihrer Umwelt wie die Mehrzahl aller Tiere: durch Sehen, Hören und Riechen. Allerdings sind diese Sinne nicht bei allen Gruppen gleich gut ausgebildet. So sind beispielsweise fast alle Schlangen weitgehend taub, weil ihnen die Trommelfelle gänzlich fehlen oder zumindest mit Haut überwachsen sind.

Sehen

Das Sehen spielt bei den meisten Reptilien eine ähnlich große Rolle wie bei vielen Säugetieren und Vögeln. So setzen sie ihre Augen beim Beutefang ein, versuchen Feinde möglichst rechtzeitig zu entdecken oder benutzen sie, um einen geeigneten Partner für die Fortpflanzung auszusuchen. Ungefähr zehn Prozent aller

Sinneswahrnehmung - Riechen mit der Zunge

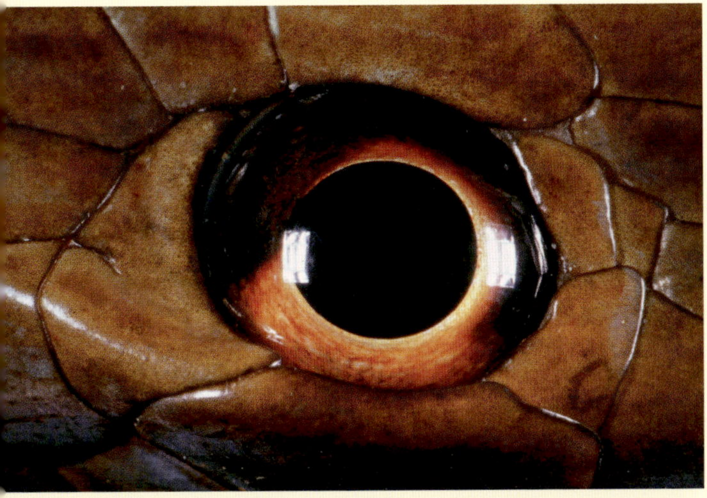

Schlangen, vor allem Arten, die versteckt unter der Erde leben, sind allerdings nahezu blind, sodass sie gerade noch Hell und Dunkel wahrnehmen.

Dagegen haben Reptilien, die sich in sehr unübersichtlichen Biotopen orientieren müssen, etwa Chamäleons, die häufig im dichten Gewirr von Ästen, Blättern und Kletterpflanzen leben, ein besonders gutes Sehvermögen. Dazu gehört auch, dass sie die Augen unabhängig voneinander bewegen können. Dadurch sind sie in der Lage, mit einem Auge eine Beute zu beobachten und mit dem anderen nach Feinden Ausschau zu halten.

Bei Schlangen können die Pupillen eine etwas unterschiedliche Form haben, aus der sich häufig ablesen lässt, wann diese Tiere auf die Jagd gehen. So sind Arten mit runden Pupillen normalerweise tagaktiv, während Schlangen mit senkrechten Pupillen in der Regel nachts auf Beutefang gehen. Einige Baumschlangen haben aber auch waagerechte Pupillen, die ein binokulares Sehen und damit eine gute Abschätzung von Entfernungen ermöglichen. Bei den Schlangen sind außerdem das obere und untere Lid miteinander verwachsen, sodass eine Linse entsteht, die das Auge schützt. Diese bekommt im Lauf der Zeit aber Kratzer oder verschmutzt stark. Daher wird sie bei jeder Häutung abgestreift und durch eine neue ersetzt.

Hören

Im Gegensatz zu den Schlangen hören die meisten Echsen ziemlich gut. Aufgenommen werden die Schallwellen – anders als bei den meisten Säugetieren – aber nicht mithilfe herkömmlicher Ohren, sondern die Trommelfelle sitzen äußerlich zumeist gut erkennbar am Kopf. Von dort werden die Schwingungen dann über Gehörknöchelchen an das Innenohr weitergeleitet.
Wie bereits erwähnt, sind die meisten Schlangen fast taub. Aber auch bei ihnen findet man immer noch Reste dieser knöchernen Strukturen, die normalerweise den Schall im Innenohr weiterleiten. Diese kleinen Knochen haben nun aber die Aufgabe, Erschütterungen aus der Umgebung aufzunehmen. Denn sobald die Schlange das Maul auf den Boden legt, werden Vibrationen, die ein Beutetier oder ein möglicher Angreifer verursachen, über den Unterkiefer und die Reste der Gehörknöchelchen ans Innenohr weitergeleitet.

Riechen

Zum Riechen benutzen viele Reptilien hauptsächlich ihre Zunge, die bei vielen Arten sehr lang und bei Schlangen und Waranen außerdem gespalten ist. Durch ständiges Züngeln nehmen die Tiere Geruchsstoffe mit der Zunge auf und leiten sie an das sogenannte Jacobsonsche Organ weiter, bei dem es sich um eine

Vertiefung im Gaumen handelt. Dort werden die Duftmoleküle analysiert und die Information dann an das Gehirn weitergeleitet. Mithilfe ihrer Zunge können viele Reptilien also eine Beute verfolgen, Objekte auf ihre Genießbarkeit prüfen und Geschlechtspartner oder Feinde erkennen. Daneben besitzen Reptilien auch noch herkömmliche Riechzellen in der Nase, die aber bei vielen Arten eine eher untergeordnete Rolle spielen.

Temperaturwahrnehmung

Um ihr mangelhaftes Gehör und das oft auch nicht allzu gute Sehvermögen auszugleichen, besitzen einige Schlangen zusätzliche Wärmesinnesorgane, die sogenannten Grubenorgane. Diese befinden sich normalerweise am Kopf, etwa am Rande des Maules beziehungsweise zwischen oder unter den Augen. Sie helfen vor allem Arten, die nachts jagen, beim Aufspüren der Beute in der Dunkelheit. In diesen Grubenorganen befinden sich zahlreiche Temperaturrezeptoren, die selbst geringe Temperaturerhöhungen wahrnehmen können. Daher bemerken Schlangen auch Beutetiere, die in ihre Nähe kommen, obwohl sie diese in der Dunkelheit überhaupt nicht sehen können. Wie Untersuchungen gezeigt haben, nehmen einige Schlangen auf diese Weise noch Temperaturänderungen von 0,2 °C wahr.

Jagdmethoden und Beutefang

Die Mehrzahl aller Reptilien bevorzugt tierische Nahrung. Allerdings gibt es auch Ausnahmen. So ernähren sich einige Schildkröten, Leguane und Agamen ausschließlich von Pflanzen, ebenso wie die ungewöhnlichen Meerechsen der Galapagosinseln, die Algen vom Meeresgrund abweiden.

Besonders junge Reptilien fressen dagegen vor allem Insekten, und für eine Reihe von Echsen bleiben Kerbtiere auch später die wichtigste Nahrungsquelle. Das gilt beispielsweise für Chamäleons, die für den Fang dieser Art von Beute besonders gut ausgestattet sind, denn sie besitzen eine lange, normalerweise im Maul zusammengezogene Zunge, die blitzartig und zielgenau hervorschießen kann, um ein Insekt ins Maul zu ziehen. Dies geschieht innerhalb einer Zehntelsekunde, sodass der Vorgang für das menschliche Auge in seinen Einzelheiten kaum zu erkennen ist. Und damit die Echse sich einem Beutetier nicht zu stark nähern muss, ist die Zunge oft ebenso lang wie der gesamte Körper des Tieres – einschließlich Schwanz. Um ein Entkommen der Beute zu verhindern, ist die stets feuchte Zunge an der Spitze keulenförmig verdickt und in zwei Lappen unterteilt, die das Opfer umschließen und dann sicher ins Maul ziehen.

Einsatz von Ködern

Bei den Schildkröten gibt es aber nicht nur die bereits erwähnten, hauptsächlich Pflanzen fressenden Arten, sondern die oft schwerfällig wirkenden Reptilien sind auch sehr erfolgreiche Jäger. Dabei bedienen sich einige ganz spezieller Jagdmethoden, etwa die Geierschildkröte *(Macrochelys temminckii)*. Diese außerordentlich gut getarnten Tiere liegen oft stundenlang mit weit geöffnetem Maul völlig regungslos am schlammigen Boden ihrer Heimatgewässer und strecken dabei einen wurmartigen rosafarbenen Fortsatz an der Zunge heraus. Schnappt ein Fisch danach, weil der vermeintliche Wurm eine leichte Beute zu sein scheint, klappt die Schildkröte blitzschnell ihr Maul zu und schluckt den Fisch herunter.

Eine ganz ähnliche Taktik wendet auch die in Wüsten und Trockengebieten im Süden Afrikas heimische Zwergpuffotter *(Bitis peringueyi)* an.

Sie liegt tagsüber an einer schattigen Stelle im weichen Sand eingegraben, sodass nur noch Augen, Nasenöffnungen und die Schwanzspitze herausschauen. Nähert sich eine geeignete Beute, bewegt sie die Schwanzspitze hin und her, um den Eindruck zu erwecken, dort bewege sich ein kleines Tier. Kommt das potenzielle Opfer dieser vermeintlichen Beute zu nahe, wird es gepackt und mit einem Giftbiss getötet.

Kraftvolle Kiefer

Große Krokodile, etwa das Leisten- oder auch das Nilkrokodil, greifen ihre Beute normalerweise aus dem Wasser heraus an. Dazu schwimmen sie fast lautlos heran, wobei nur die Augen und die Nasenöffnungen aus dem Wasser herausschauen. Haben sie sich der Beute, bei der es sich auch um große Tiere wie Gnus oder Zebras handeln kann, weit genug genähert, erfolgt der Angriff. Dabei ergreifen die Krokodile das Opfer mit den gewaltigen Zähnen und ziehen es unter Wasser, um es zu ertränken.

Da Krokodile nicht in der Lage sind, Stücke aus ihrem Opfer herauszubeißen, packen sie die Beute anschließend mit den Vorderzähnen und machen eine sogenannte Todesrolle, also eine Drehung um die eigene Achse, bei der Stücke aus dem toten Tier herausgerissen werden, die sie dann verschlingen. Ist das Beutetier sehr groß, wird es manchmal versteckt, um später, wenn die Panzerechse wieder Hunger hat, gefressen zu werden. Krokodile schlingen aber nicht nur Fleisch hinunter, sondern regelmäßig auch Gegenstände wie

Steine, Teile von Schildkrötenpanzern oder Metallgegenstände. Diese dienen vor allem der Zerkleinerung der Nahrung im Magen, aber wohl auch als Ballast, um das Schweben im Wasser zu erleichtern.

Aasfresser

Einige Reptilien fressen regelmäßig Aas, etwa der bis drei Meter lange Komodowaran *(Varanus komodoensis)*. Zum Aufspüren der Nahrung dient auch bei diesen gewaltigen Echsen die mit Geruchsknospen ausgestattete Zunge, mit deren Hilfe sie tote Tiere über eine Entfernung von mehreren Kilometern riechen können. Allerdings jagen die Warane bei Mangel an Aas auch lebende Beute, darunter große Tiere wie Hirsche, Wildschweine oder sogar Büffel, ebenso wie kleinere Säugetiere, Vögel und andere Reptilien. Krokodile verschmähen Aas ebenfalls nicht. So sieht man beispielsweise an den Flüssen Afrikas oft mehrere Exemplare einige Tage lang an einem angetriebenen Flusspferdkadaver fressen, bis das tote Tier völlig verschwunden ist.

Außerdem gibt es unter den Reptilien noch einige Nahrungsspezialisten wie die Afrikanische Eierschlange *(Dasypeltis scabra)*, die sich ausschließlich von Eiern ernährt (siehe Abbibldung Seite 40). Dagegen frisst die Wurmschlange *(Leptotyphlops goudotii)*, die versteckt unter der Erde lebt und nicht größer als ein Regenwurm wird, vor allem Termiten, und einige Schlangen ernähren sich fast ausschließlich von Schnecken, die sie erbeuten, indem sie deren Schleimspuren folgen.

Der Beutefang bei Schlangen

Ausgewachsene Schlangen ernähren sich dagegen vorzugsweise von Kleinsäugern wie Ratten und Mäusen oder – wenn sie vor allem an Gewässern jagen – auch von Fröschen, Fischen oder Wasservögeln. Vögel sind nicht selten ebenso die bevorzugte Beute von Arten, die sich überwiegend in Bäumen aufhalten. Oft fressen diese außerdem Echsen, die ebenfalls häufig in Bäumen auf Nahrungssuche sind.

Bei der Jagd wenden die verschiedenen Arten ganz unterschiedliche Methoden zum Fangen und Töten der Beute an. So umschlingen einige Schlangen ihr Opfer und ersticken es anschließend, wobei besonders Riesenschlangen beachtliche Kräfte entwickeln können. Dabei werden die Opfer aber nicht etwa zu einer unförmigen Masse zerquetscht, sondern zumeist bricht beim Töten der Beute nicht ein einziger Knochen. Stattdessen führt das erschwerte Atmen zum langsamen Erstickungstod. Oft wird angenommen, diese Methode würde nur von den riesigen Würgeschlangen wie Anakondas oder Netzpythons angewendet, aber das trifft nicht zu, sondern es gibt auch viele kleine Arten, die ihre Beute auf diese Weise töten.

Zahlreiche Schlangen setzen bei der Jagd aber bekanntlich auch Gift ein. In den meisten Fällen handelt es sich dabei um Nervengifte, die das Opfer lähmen und so seine Flucht verhindern. Sieht man einmal von der Gila- und Skorpions-Krustenechse ab, gehören alle giftigen Reptilien zur großen Gruppe der Schlangen.

Möglicherweise kommt aber bald noch eine dritte Art hinzu, denn es gibt die Vermutung, der Komodowaran *(Varanus komodoensis)* könnte ebenfalls ein Gift besitzen, das dem der Krustenechse ähnlich sein könnte.

Schlangengifte

Gifte werden vor allem von Schlangen produziert und einige dieser Toxine können außerordentlich gefährlich sein. Normalerweise wird das jeweilige Gift zum Beutefang eingesetzt, um die Opfer an der Flucht zu hindern, aber Schlangen benutzen diese gefährliche Waffe oft auch zur Verteidigung. In solchen Fällen kann es dann auch für Menschen gefährlich werden, denn gerät man dabei an eine der rund 50 Schlangenarten, die ein sehr starkes Gift besitzen, enden Begegnungen dieser Art für das Opfer unter Umständen sogar tödlich.

Giftdrüsen und Giftzähne

Der Giftapparat der Schlangen besteht aus zwei speziellen Drüsen, in denen das Gift hergestellt wird und Giftzähnen, mit deren Hilfe das Toxingemisch in ein Opfer injiziert wird. Häufig sind diese Giftzähne hohl und mit einem Loch in der Spitze versehen, andere haben eine Rinne, in der das Gift entlangfließen kann.

Bei vielen Arten sitzen die Giftzähne vorn im Maul, aber es gibt auch Schlangen, bei denen sie sich weiter hinten im Maul befinden. Diese fügen einem Beutetier dann zunächst eine Verletzung mit den vorderen Zähnen zu, bevor sie das Opfer dann weiter ins Maul schieben, damit das Gift aus den hinteren Zähnen in die offenen Wunden fließen kann.
Schlangen, bei denen die Giftzähne hinten im Maul sitzend, sind für Menschen zwar weniger gefährlich als viele ihrer Artgenossen, aber es hat dennoch schon Todesfälle durch solche Arten gegeben. Ein Beispiel dafür sind Bissunfälle durch die gefürchtete Afrikanische Baumschlange oder Boomslang *(Dispholidus typus)*. Viel häufiger muss man dagegen tödliche Unfälle durch Arten registrieren, deren Giftzähne im vorderen Teil des Maules sitzen. Diese werden in Ruhe manchmal sogar gegen das Gaumendach zurückgeklappt, um dann beim Zuschlagen der Schlange nach vorn zu schwingen. Zähne dieser Art besitzen beispielsweise Klapperschlangen oder Kobras.

Unterschiedliche Giftwirkungen

Schlangengifte bestehen normalerweise aus einem komplexen Gemisch unterschiedlicher Proteine. Dabei dient ein Teil der Substanzen nicht zum Lähmen der Beute, sondern es handelt sich um Enzyme, die eine wichtige Rolle bei der Verdauung spielen. Bei den eigentlichen Toxinen handelt es sich oft um Nervengifte, die die Übertragung eines Nervenreizes auf die Muskeln blockieren und die Beute so bewegungslos machen. Es gibt aber auch Schlangengifte,

die eine Verengung der Blutgefäße in Herznähe verursachen und so schließlich zu einem Herzstillstand führen oder die die lebenswichtigen Blutzellen zerstören. Solche Gifte wirken normalerweise deutlich langsamer als die Nervengifte.

Zwar kommen Giftschlangen in fast allen Regionen der Erde vor, aber die giftigsten Arten leben in tropischen oder subtropischen Regionen. Zu diesen gehören der Inlandtaipan *(Oxyuranus microlepidotus)* aus Australien, die Schwarze Mamba *(Dendroaspis polylepis)* und die Königskobra *(Ophiophagus hannah)*. Dennoch kommen durch diese Schlangen alljährlich kaum mehr als ein Dutzend Menschen ums Leben, weil diese Arten sehr scheu und kaum angriffslustig sind. Dagegen fordern Unfälle mit der in Afrika und Teilen Asiens vorkommenden Sandrasselotter *(Echis pyramidum)*, die ein weniger starkes Gift besitzt, aber sehr schnell zubeißt, jedes Jahr Zehtausende von Opfern.

Gegenmittel

Wie stark einige Schlangengifte sind, zeigt eine Untersuchung, nach der ein Gramm Kobragift ausreicht, um bis zu 150 Menschen zu töten. Und große Kobras haben immerhin bis zu 300 Milligramm Gift in ihrem Giftbeutel, was demnach ausreichen würde, um fast 50 Menschen zu töten. Glücklicherweise gibt es heute zur Behandlung vieler Schlangengifte aber sehr wirksame Antiseren, die tödliche Unfälle verhindern können. Diese werden hergestellt, indem man das Gift der entsprechenden Schlange, für die ein Gegengift hergestellt werden soll, in kleinen Mengen in den Blutkreislauf von Pferden injiziert. Diese bilden dann Antikörper gegen das Toxin, die anschließend aus dem Pferdeblut extrahiert werden.

Problematisch bei Unfällen mit Schlangen ist allerdings, dass die betroffenen Patienten oft nicht wissen, von welcher Art sie gebissen wurden. Daher ist es auch dann natürlich nicht möglich, das richtige Antiserum zu verabreichen. Und besonders in Entwicklungsländern, wo die medizinische Versorgung der Landbevölkerung oft nicht ausreichend gesichert ist, kann das Gegengift in vielen Fällen nicht rechtzeitig verabreicht werden, sodass es in einigen tropischen Regionen alljährlich immer noch zu sehr vielen Todesfällen kommt – nach Schätzungen weltweit über 100 000.

Tarnen und Täuschen

Abgesehen von großen Krokodilarten, die außer dem Menschen kaum Feinde haben, sind die meisten Reptilien tagtäglich erheblichen Gefahren durch andere Tiere ausgesetzt. Um diesen Nachstellungen zu entgehen, mussten sie die unterschiedlichsten Methoden entwickeln, um sich ihrer Feinde zu erwehren. Die bekannteste und wirksamste Form der Verteidigung ist sicher der Einsatz hochwirksamer Gifte, aber es gibt auch noch zahlreiche andere Methoden, wie sich Reptilien vor ihren Feinden schützen.

Tarnung

Ein sehr effektiver Schutz vor der Entdeckung durch Raubtiere ist die Tarnung, die viele Reptilien bis zur Perfektion entwickelt haben. So sind Geckos, die besonders viele Feinde haben, oft durch ihre Färbung und ihre Körperform, die die Konturen auflöst, fast unsichtbar, wenn sie auf dem Stamm eines Baumes sitzen. Aber auch viele Schlangen verschmelzen nicht selten mit dem Untergrund aus Blättern, in denen sie sich tagsüber ausruhen oder sie ähneln einem Ast, wenn sie regungslos in einem Baum lauern.

Eine gute Tarnung besitzt auch die Wüstenhornviper *(Cerastes cerastes)*, die eine ähnliche gelbliche Färbung hat wie der Untergrund der Lebensräume, in denen sie vorkommt, sodass sie perfekt mit ihrer Umgebung verschmilzt. Zusätzlich gräbt sie sich aber auch noch so weit in den Wüstensand ein, dass nur

noch der Kopf herausschaut. Dadurch entzieht sie sich nicht nur den Blicken ihrer Feinde, sondern sie wird oft genug auch von den wachsamen Augen kleinerer Tiere übersehen, die dann zu einer leichten Beute werden.

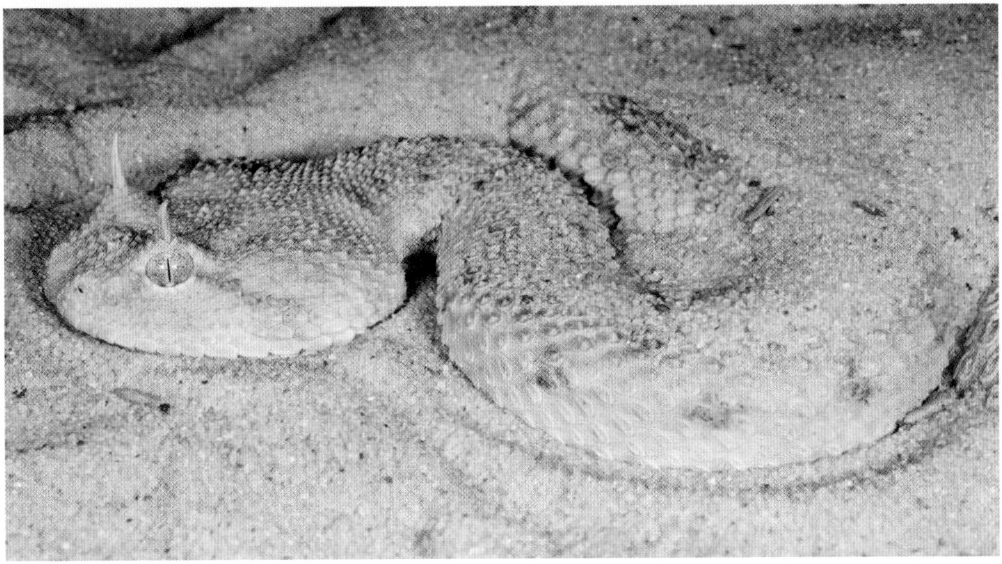

Es gibt aber auch Schlangen, die eine genau gegenteilige Strategie anwenden: Sie zeigen eine so leuchtende Färbung, dass sie eigentlich nicht zu übersehen sind. In der Regel besitzen solche Tiere ein starkes Gift, sodass sie sich – vom Menschen einmal abgesehen – vor niemandem fürchten müssen. Normalerweise werden solche Schlangen – vermutlich instinktiv – von Raubtieren gemieden, und davon profitieren manchmal auch andere Arten, die ganz ähnlich aussehen wie die

Giftschlangen, aber ungiftig sind und damit völlig harmlos. Ein Beispiel sind die stark giftigen Korallenottern (Gattung *Micrurus*, siehe Abbildung links) und die harmlosen Königsnattern (Gattung *Lampropeltis*, siehe Abbildung rechts).

Warnen und Drohen

Wie fast überall im Tierreich versuchen auch zahlreiche Reptilien einen Feind durch Drohgebärden und Warnlaute abzuschrecken. Am bekanntesten ist in diesem Zusammenhang sicher das laute Rasseln der Klappenschlangen, das diese bei einer Beunruhigung hören lassen und heißen soll: Komm mir nicht zu nahe oder du wirst es bereuen. Erzeugt wird das unverkennbare Geräusch, das mehrere Meter weit zu hören ist, durch eine Rassel am Schwanzende. Diese besteht aus Segmenten alter Schuppen, die gegeneinanderschlagen, wenn das Tier die Schwanzspitze in Schwingungen versetzt. Und auch diese wirksame Form der Drohung machen sich einige Nachahmer zunutze, die ihren Schwanz an Gegenstände schlagen, wodurch ein ähnliches Geräusch entsteht.

Über sehr eindrucksvolle Drohgebärden verfügen aber auch die großen Kobras, die ihren Vorderkörper bis zu einen Meter hoch aufrichten können und zusätzlich ihren breiten Nackenschild aufstellen, um noch Furcht einflößender zu wirken. Gleichzeitig lassen sie ein lautes Zischen hören, dass ihren Unmut deutlich unterstreicht.

Einige Reptilien haben aber auch eine leuchtende Färbung im Maul, die ganz plötzlich sichtbar wird, wenn die Tiere dieses drohend aufreißen, was einige Räuber von einem Angriff abhält. Und die Kragenechse (*Chlamydosaurus kingii*, siehe Abbildung Seite 52) stellt bei Gefahr ihre große, farbige Hautfalte auf, die normalerweise eng am Hals anliegt und zischt laut, um Feinde zu verjagen.

Überraschen und Täuschen

Wer weder giftig ist, noch über wirksame Drohgebärden verfügt, muss zu seinem Schutz noch tiefer in die Trickkiste greifen. Das macht beispielsweise die auch in Mitteleuropa heimische Zauneidechse *(Lacerta agilis)*, die ein ganz ungewöhnliches Ablenkungsmanöver durchführt, wenn sie sich einem ihrer Feinde gegenübersieht und keine Fluchtmöglichkeit mehr bleibt: Sie zerfällt in zwei Teile, die sich beide bewegen.

Was sich wie eine erfundene Geschichte anhören mag, passiert tagtäglich, denn Reptilien wie die Zauneidechse können ihren Schwanz abwerfen. Dazu sind in den hinteren Wirbeln der Reptilien so etwas wie Sollbruchstellen eingebaut, an denen der Schwanz durch Muskelkraft abgeworfen werden kann, was durch ein schwaches Muskel- und Bindegewebe zusätzlich erleichtert wird. Außerdem bleiben die Nerven im abgeworfenen Schwanz noch eine Zeit aktiv, sodass dieser sich weiter bewegt und daher häufig vom Räuber ergriffen wird, während der größte Teil der Beute auf Nimmerwiedersehen im Gras verschwindet. Später wächst der Schwanz der Zauneidechse sogar wieder nach. Allerdings ist er aber manchmal nicht mehr ganz so lang und kräftig wie zuvor. Nicht weniger trickreich sind die ungiftigen Ringelnattern *(Natrix natrix)*, wenn sie sich einem Feind gegenübersehen, und keine Chance mehr haben, sich der Gefahr durch Flucht zu entziehen. In solchen Fällen setzen sie häufig zunächst einmal ihre Stinkdrüsen ein, deren durchdringender Gestank Feinde abschrecken soll. Reicht diese Abwehrmaßnahme nicht aus, stellen sich Ringelnattern oft tot, indem sie sich auf den Rücken drehen und die Zunge aus dem aufgerissenen Maul heraushängen lassen. Und dieses raffinierte Manöver hält tatsächlich viele Räuber, die normalerweise nur lebende Beute fressen, von einem Verschlingen der Ringelnatter ab.

Paarung und Fortpflanzung

Die meisten Reptilien sind Einzelgänger, die nur zur Paarungszeit kurz zusammenfinden. Da oft mehrere Männchen Interesse an einem Weibchen zeigen, kommt es in dieser Zeit häufiger zu Streitigkeiten der Männchen untereinander.

In vielen Fällen bleibt es dabei aber bei Drohungen. So blasen männliche Rotkehlanolis beispielsweise ihren prächtig gefärbten Kehlsack auf, um Rivalen zu beeindrucken. Und sind die Männchen etwa gleich groß, stehen sie sich oft stundenlang in einer solchen Drohhaltung gegenüber. Zu Kämpfen kommt es aber selten, auch weil die schwächeren Tiere sich irgendwann zurückziehen. Später kommt der Kehlsack dann noch einmal zum Einsatz, wenn die Männchen versuchen, damit ein Weibchen zu beeindrucken, um es in Paarungsbereitschaft zu versetzen. Aber auch zahlreiche andere Reptilienmännchen, etwa bei den Chamäleons, sind oft auffällig gefärbt, um Weibchen anzulocken.

Bei Schlangen kommt es zur Paarungszeit manchmal zu Scheinkämpfen. Dabei umschlingen sich die Rivalen mit den Vorderkörpern und versuchen, den Gegner zu Boden zu drücken. Verletzungen sind auch hier die Ausnahme, und der Kampf endet, sobald eines der Männchen die Überlegenheit des Rivalen anerkennt und flieht.

Sehr viel rabiater geht es allerdings bei vielen Krokodilarten zu. Hier werden die Männchen zur Paarungszeit sehr unruhig und zeigen das häufig auch durch ein lautes Brüllen an. Gibt es Streit um ein Weibchen, fechten die Tiere oft erbitterte Kämpfe aus, bei denen sie sich nicht selten erhebliche Verletzungen zufügen. Daher gibt es in vielen Populationen praktisch auch keine älteren Männchen, die an ihrem Körper nicht die vernarbten Spuren eines Rivalenkampfs zeigen. Und einige Schildkröten besitzen einen speziellen Dorn am Panzer, mit dessen Hilfe sie einen Rivalen auf den Rücken werfen und so außer Gefecht setzen können.

Eiablage

Die meisten Reptilien legen Eier, die sie normalerweise von der Sonne ausbrüten lassen. Aber es gibt bei den Echsen und Schlangen auch einige Arten, die lebende, voll entwickelte Jungen zur Welt bringen. Im Gegensatz zu den Amphibien, die zur Fortpflanzung alljährlich im Frühjahr ins Wasser zurückkehren müssen, legen Reptilien ihre Eier stets an Land ab. Diese haben häufig eine pergament- oder lederartige Haut, aber einige Arten legen auch hartschalige Eier, etwa Schildkröten und Krokodile.

Besonders bei Meeresschildkröten findet die Eiablage oft an ganz bestimmten Plätzen statt. So treffen alljährlich innerhalb eines ganz kurzen Zeitraums an einem nur fünf Kilometer langen Strandabschnitt in Indien bis zu 200 000 Bastardschildkröten (Gattung *Lepidochelys*) ein, die 70 Zentimeter groß und 50 Kilogramm schwer werden können, um dort bis zu 100 Eier in einem selbst gegrabenen Loch abzulegen. Später schlüpfen dann fast zeitgleich unzählige junge Schildkröten und versuchen möglichst schnell das Meer zu erreichen. Allerdings gelingt das bei Weitem nicht allen, weil bereits unzählige Feinde unterschiedlichster Art auf die leichte Beute warten.

Viele Krokodile bauen zur Eiablage Hügelnester aus Pflanzenmaterial und Erde, die bis zu einen Meter hoch und einen Durchmesser von zwei Meter haben können. Im Inneren dieser Nester entsteht eine feuchte Wärme, die für das Ausbrüten der Krokodileier unerlässlich ist. Der Grund dafür ist, dass Bakterien und Pilze das Pflanzenmaterial zersetzen, wodurch die Temperatur ansteigt. Im Gegensatz zu vielen anderen Reptilien überlassen Krokodile ihre

Gelege aber nicht sich selbst, sondern sie werden vom Weibchen bewacht und auch die Männchen befinden sich oft noch in unmittelbarer Nähe des Nestes, um sofort eingreifen zu können, wenn Gefahr für das Gelege besteht. Kurz vor dem Schlüpfen machen sich die Jungen dann durch ein leises Quäken bemerkbar, woraufhin die Mutter herbeieilt und die Eier freilegt. Sind die Jungen geschlüpft, nimmt die Mutter sie ins Maul und trägt sie zum Wasser. Dieser Trieb ist so stark, dass sie manchmal sogar eine junge Schildkröte mitnimmt, von denen viele an den gleichen Plätzen schlüpfen. Zu anderen Zeiten wäre ein solches Jungtier dagegen ein willkommener Leckerbissen für das Krokodil.
Ob sich in den Krokodileiern weibliche oder männliche Nachkommen entwickeln, entscheidet übrigens die Temperatur, die in dem Nest herrscht.

Bleibt sie unter 30 °C, schlüpfen Weibchen, beträgt sie etwa 34 °C, entwickeln sich die Jungen zu Männchen. Häufig hängt diese unterschiedliche Temperatur damit zusammen, wie nahe die Nester am Wasser gebaut wurden. Einige Krokodilarten errichten allerdings keine Nester, sondern graben in Ufernähe ein Loch, in dem sie die Eier ablegen und das dann wieder mit Sand abgedeckt wird.

Nilwarane legen ihre Eier dagegen gern in Termitenbauten, weil dort vergleichsweise hohe Temperaturen herrschen. Und auch Schlangen überlassen das Ausbrüten ihrer Jungen nicht immer ausschließlich der Sonne. So schlingen sich die Weibchen des Tigerpythons um ihre Eier und erzeugen durch Körperzittern Wärme, um eine optimale Temperatur für das Gelege zu schaffen.

Nach dem Schlüpfen der Jungen verlässt die Mutter dann aber ihre Nachkommen, sodass diese gleich für sich selbst sorgen müssen, ebenso wie die Krokodiljungen, die von der Mutter zum Wasser gebracht wurden. Gerade bei Schlangen kann man sich manchmal kaum vorstellen, dass die Jungtiere überhaupt in den kleinen Eiern Platz hatten, denn sie sind beim Schlüpfen oft bis zu siebenmal länger als der Durchmesser des Eies, aus dem sie sich gerade befreit haben.

Lebensräume

Weil Reptilien wechselwarme Tiere sind, war es ihnen nicht möglich, sehr kalte Regionen zu besiedeln, wie es Warmblüter können, die ja in der Lage sind, ihre Körpertemperatur zu regulieren. Daher findet man die meisten Reptilien auch nur in Gebieten, wo die Sommertemperatur nicht zu niedrig ist und die Winter nur so kalt, dass die Tiere während dieser Jahreszeit an geschützten Orten wie Höhlen oder Felsspalten eine Winterruhe halten können. Aus diesem Grund wird die Artenzahl bei den Reptilien auch immer geringer, je mehr man sich den Polarregionen nähert. Es gibt aber auch einige wenige Arten, die mit niedrigen Temperaturen gut zurechtkommen, etwa die ungewöhnlichen Brückenechsen (Gattung *Sphenodon*), die man schon beobachtet hat, wie sie in einer nur 7 °C warmen Nacht, in der zudem ein kalter, stürmischer Wind wehte, auf der Nahrungssuche waren. Und die Kreuzotter *(Vipera berus)* findet man in Skandinavien vereinzelt auch noch oberhalb des Polarkreises. Allerdings legen die Tiere während der kalten Jahreszeit dann oft eine bis zu acht Monate andauernde Winterruhe ein. Solche Beispiele sind jedoch Ausnahmen, sodass die größere Artenfülle in tropischen und subtropischen Regionen zu finden ist, wo die Klimaschwankungen nur gering sind.

Neben kalten Regionen haben einige Reptilien aber auch die Wüsten erobert. Wegen der großen Hitze halten sich die Tiere dort tagsüber zumeist in Erdlöchern, unter Felsen oder in Höhlen auf, und gehen dann in den kühleren Abendstunden auf die Jagd. Da geeignete Unterschlupfmöglichkeiten in

Wüstengebieten oft knapp sind, wird eine unterirdische Höhle manchmal von mehreren Tieren genutzt. Ein Beispiel dafür ist die Höhle der Gopherschildkröten (Gattung *Gopherus*, siehe Abbildung links), die im Südosten der Vereinigten Staaten und in Mexiko heimisch sind. In ihren unterirdischen Bauten findet man häufig nicht nur die Besitzerin der Höhle, sondern auch noch Klapperschlangen, Indigonattern und verschiedene Echsen sowie bestimmte Frösche und kleine Säugetiere, die dort nebeneinander den heißen Tag verbringen. Außerdem gibt es Schlangen, die fast ständig unter der Erde leben und die daher fast blind sind.

Aber auch das Wasser, aus dem sie in grauer Vorzeit kamen, haben einige Reptilien zurückerobert. So halten sich viele Schildkröten ständig oder zumindest überwiegend im Wasser auf, und auch Krokodile und einige Schlangen findet man stets in Wassernähe. Allerdings kommen fast alle zur Eiablage an Land. Nur einige Seeschlangen verlassen das Wasser praktisch nie und bringen dort auch lebende Jungen zur Welt.

Vollständig vom Wasser abhängig sind auch die nur auf den Galapagosinseln vorkommenden Meerechsen *(Amblyrhynchus cristatus)*, die sich von Algen ernähren, die sie im Meer suchen. Dazu tauchen sie bis zu 15 Meter ins vergleichsweise kalte Wasser hinab und kommen oft erst 30 Minuten später wieder an die Oberfläche. Danach müssen sie sich allerdings zunächst einmal längere Zeit in der Sonne aufwärmen, bevor sie zu einem neuen Tauchgang starten können.

Und die zu den Leguanen gehörenden Basilisken (Gattung *Basiliscus*) laufen bei Gefahr häufig sogar eine kurze Strecke über ein Gewässer, sodass man sie auch Jesus-Echsen nennt. Dies ist ihnen möglich, weil sie ihre Beine sehr schnell bewegen können und zudem seitliche Hautlappen an den Zehen haben, die sie nur auf dem Wasser benutzen und beim Laufen an Land zusammenfalten.

Viele Reptilien klettern aber auch ausgezeichnet und nicht wenige verbringen ihr ganzes Leben auf Bäumen. Besonders geschickte Kletterer sind die Geckos, die Haftpolster an den Füßen haben, mit deren Hilfe sie sich sogar sicher auf glatten Wänden bewegen. Diese lamellenförmigen Polster sind aber nicht etwa klebrig, wie man vielleicht vermuten könnte, sondern sie bestehen aus Millionen winziger Haken, die selbst an den kleinsten Unebenheiten des Untergrunds Halt finden.

Diesen Umstand machen sich manchmal Kinder in Malaysia zunutze, indem sie Geckos an einen Faden binden und sie aus dem Fenster auf die Kopfbedeckung vorbeigehender Menschen herablassen. Haben sich die Reptilien dort festgekrallt, werden sie hochgezogen und nehmen, mit etwas Glück, den Hut des Opfers mit.

Gefährdung und Schutzmaßnahmen

Wie bei vielen anderen Tiergruppen, nimmt auch die Zahl der Reptilienarten alljährlich immer weiter ab. Häufig ist dies auf den Verlust ihres angestammten Lebensraums zurückzuführen, weil immer mehr Wälder abgeholzt oder wertvolle Biotope durch menschliche Tätigkeiten wie Straßenbau, Staudämme und andere Eingriffe zerstört werden. Und auch der verstärkte Einsatz von Pestiziden wirkt sich häufig schädigend auf Reptilienpopulationen aus. In vielen Regionen trifft dies ebenso auf den ständig zunehmenden Straßenverkehr zu, und leider werden immer noch viele Reptilien aus Angst getötet. Besonders gilt dies für Schlangen, wobei nicht nur giftige Arten dieses Schicksal erdulden müssen.

Zu einer Abnahme vieler Populationen kam es in der Vergangenheit aber auch, weil bestimmte Reptilien sehr begehrte Terrarientiere sind, sodass sie oft in großer Zahl für den Handel gefangen wurden. Bei anderen war es der Umstand, dass sie als Delikatesse gelten. Ein Beispiel dafür ist die Suppenschildkröte, bei der sich das bedauernswerte Schicksal, das viele Individuen erdulden müssen, bereits im Namen ablesen lässt. Außerdem mussten früher Millionen von Reptilien, vor allem Krokodile und Schlangen, ihr Leben lassen, weil Schuhe, Handtaschen oder Gürtel aus diesen Materialien eine Zeit lang sehr begehrt waren. Aber auch der Handel mit ausgestopften Jungtieren oder ähnlich geschmacklosen Souvenirs war lange ein einträgliches Geschäft.

Einführung

Heute versucht man diese Auswüchse durch das sogenannte Washingtoner Artenschutzübereinkommen von 1973 einzudämmen, das inzwischen über 170 Staaten unterzeichnet haben, um den Handel mit bedrohten Tier- und Pflanzenarten zu regulieren und in vielen Fällen auch zu verbieten. Welche Tierarten heute weltweit gefährdet sind, kann man der Roten Liste der gefährdeten Tierarten entnehmen, die von der Welt-Naturschutzunion IUCN (International Union for Conservation of Nature and Natural Resources) regelmäßig herausgegeben wird. Die Institution hat es sich zum Ziel gesetzt, die Unversehrtheit und Mannigfaltigkeit der Natur zu erhalten. Auf dieser Roten Liste stehen momentan schon mehrere Hundert Reptilienarten und jährlich kommen neue hinzu.

Und selbst wenn gerade der Handel mit Schlangen-, Echsen- und Krokodilleder in den vergangenen Jahrzehnten deutlich zurückgegangen ist, werden auch heute immer noch unzählige Reptilien aus kommerziellen Gründen getötet. Beim Krokodilleder kommen viele der Häute inzwischen von Krokodilfarmen, in denen die Tiere allein für diesen Zweck gezüchtet werden. Allerdings geschieht das häufig unter katastrophalen Bedingungen, sodass diese Form der Tierhaltung inzwischen ebenfalls sehr umstritten ist.

Schlangenfarmen sind dagegen bisher noch eher selten. Daher wird geschätzt, dass auch heute noch alljährlich etwa eine Million Schlangen wegen ihre Häute getötet werden, von denen die meisten wild lebende Tiere sind. Und nicht selten sind darunter auch geschützte Arten. Sehr häufig kommen die Tiere für den Zoohandel oder für die Lederindustrie aus Ländern mit einer oft sehr armen Bevölkerung. Hier sind die reichen Länder der Erde gefragt, die mithelfen sollten, damit die Bevölkerung dieser Regionen andere Verdienstmöglichkeiten bekommt.

Manchmal sind Menschen aber auch nur indirekt an der Gefährdung oder Ausrottung bestimmter Reptilien beteiligt. So gibt es eine Reihe von Arten, die durch eingeschleppte Tiere wie Ratten, Katzen oder Hunde so stark dezimiert wurden, dass sie inzwischen stark gefährdet oder für immer von der Erde verschwunden sind. Besonders betroffen sind in diesem Zusammenhang auf Inseln lebende Reptilien, die dort zuvor oft kaum Feinde hatten und sich dieser nun plötzlich neu auftauchenden Gefahr nicht gewachsen zeigen. Ein Beispiel dafür ist die Antigua-Schlanknatter *(Alsophis antiguae)*, die nur auf Antigua (Kleine Antillen) sowie einigen vorgelagerten Inseln vorkommt, und die zu den seltensten Schlangen der Erde gehört. In ihrem angestammten Lebensraum hatte die etwa einen Meter lange Schlange ursprünglich nur wenige natürliche Feinde, was sich aber änderte als dort Ratten eingeschleppt wurden, die schnell lernten, dass die Gelege der Reptilien eine schmackhafte und zudem leichte Beute waren. Daher gab es zwischenzeitlich nur noch eine Handvoll

Exemplare. Erst als es gelang, auf einer der kleineren Inseln alle Ratten auszurotten, erholte sich die Population dort, sodass es heute vermutlich schon wieder an die 100 Exemplare gibt. Solche Erfolge gehören allerdings immer noch zu den Ausnahmen und man kann nur hoffen, dass die verstärkten Bemühungen überall auf der Erde dazu führen werden, möglichst viele dieser faszinierenden wechselwarmen Kreaturen zu erhalten.

Schlangen

Schlangen haben eine Reihe von Gemeinsamkeiten, etwa den langen, schlanken, beinlosen, dicht mit überlappenden Schuppen bedeckten Körper und die unbeweglichen Augenlider, die zu einem durchsichtigen Lidfenster verwachsen sind. Typisch sind aber auch die gespaltene Zunge und das Fehlen von äußeren Gehöröffnungen.

Es gibt weltweit etwa 2800 Schlangenarten, von denen die meisten ungiftig sind. Aber auch unter den Giftschlangen, die ihr Gift mithilfe speziell gebauter Zähne in ihr Opfer injizieren, gibt es nicht allzu viele, die einem Menschen wirklich gefährlich werden können. Vor denen muss man sich allerdings in Acht nehmen, denn wenn nach einem Biss dieser Reptilien nicht sehr schnell Gegenmaßnahmen eingeleitet werden, überlebt das Opfer den Angriff der Schlange zumeist nicht.

Die Unterordnung der Schlangen (Serpentes) wird zumeist in drei Gruppen unterteilt: die unscheinbaren Blindschlangenartigen, deren Augen rückgebildet sind und die nahezu ihr ganzes Leben unter der Erde verbringen, die Wühl- und Riesenschlangen mit den Anakondas, Boas und Pythons sowie die große Gruppe der Nattern und Vipern, zu der die meisten der hier vorgestellten Schlangen gehören.

Abgottschlange

BIOLOGISCHER STECKBRIEF

Wissenschaftlicher Name
Boa constrictor

Familie
Riesenschlangen (Boidae)

Heimat
Mittel- und Südamerika sowie einige Antilleninseln

Lebensraum
Von trockenen Wäldern bis zu Regenwäldern; dringt manchmal auch in Siedlungsgebiete vor

Größe
2,0–4,5 m

Ernährung
Säugetiere, Vögel und Reptilien

Diese bekannte Riesenschlange wird oft auch Abgottboa, Königsboa oder einfach Boa genannt wird. Sie kommt in weiten Teilen Mittel- und Südamerikas vor, wo man sie in ganz unterschiedlichen Lebensräumen findet, beispielsweise in wüstenähnlichen Gebieten in Mexiko, aber auch in den feuchten Regenwäldern am Äquator und in den Graslandschaften Argentiniens. Wie bei vielen Schlangen mit einer weiten Verbreitung können die Mitglieder einzelner Populationen ganz verschieden groß sein und auch die Färbung weist oft deutliche Unterschiede auf, sodass etwa ein Dutzend Unterarten beschrieben wurden. Allen gemeinsam ist allerdings das dunkle Sattelmuster auf dem Rücken.

Boas jagen sowohl in Bäumen als auch auf dem Boden. Letzteres trifft vor allem für größere Exemplare zu. Außerdem können Boas ausgezeichnet schwimmen. Tagsüber halten sie sich normalerweise in einem hohlen Baum oder einem unterirdischen Nagetierbau auf, um sich dann in der Dämmerung auf die Jagd zu machen. Dabei folgen sie entweder den Duftspuren, die andere Tiere hinterlassen haben, oder sie legen sich auf die Lauer und warten, bis ein geeignetes Opfer in ihre Nähe kommt. Dann ergreifen sie die Beute blitzschnell mit ihren Zähnen, erwürgen sie anschließend mit ihrem kräftigen Körper und schlingen sie herunter. Die bevorzugte Beute der Abgottschlange sind Säugetiere unterschiedlicher Größe, sie fressen aber auch Vögel und gelegentlich junge Kaimane; für den Menschen stellen sie normalerweise keine Gefahr dar. Die 15–50 Jungtiere kommen lebend zur Welt.

Grüner Hundskopfschlinger

BIOLOGISCHER STECKBRIEF

Wissenschaftlicher Name
Corallus caninus

Familie
Riesenschlangen (Boidae)

Heimat
Nördliches Südamerika

Lebensraum
Kommt hauptsächlich in tropischen Tieflandregenwäldern vor

Größe
1,5–3,0 m

Ernährung
Vögel, Kleinsäuger und Reptilien

Diese Riesenschlange, die oft auch Grüne Hundskopfboa genannt wird, kann dank ihres schlanken, seitlich abgeplatteten Körpers und des langen Greifschwanzes ganz ausgezeichnet klettern. Sie lebt in den südamerikanischen Regenwäldern in Äquatornähe, wo sie tagsüber – durch ihre grüne Färbung gut getarnt – in Bäumen ruht, um sich dann nachts kopfüber von einem Ast herabhängen zu lassen und auf Beute zu lauern.

Junge Hundskopfschlinger sind zunächst ziegelrot oder auch gelb bis bräunlich gefärbt (siehe Abbildung Seite 79). Im Alter von drei bis zwölf Monaten tritt dann allerdings ein Farbwechsel ein. Danach sehen die Jungschlangen aus wie ihre Eltern, haben also einen hellgrünen Rücken mit weißen oder gelblichen Flecken und Querbändern, gelbe Flanken und einen weißen Bauch. Typisch sind außerdem die auffällig großen Sinnesgruben am Maul, mit deren Hilfe die Schlangen die Wärmestrahlung von Beutetieren wahrnehmen können, was den nachtaktiven Tieren die Jagd im Dunkeln beträchtlich erleichtert.

Noch nicht ausgewachsene Exemplare machen hauptsächlich Jagd auf kleine Echsen, während ältere Tiere vor allem Vögel oder kleinere Säugetiere fressen, darunter auch Fledermäuse. Wie alle Riesenschlangen haben sie kein Gift, besitzen aber sehr lange und kräftige, nach hinten gebogene Vorderzähne, mit denen sie ihre Beute sicher ergreifen und festhalten können. Hundskopfschlinger sind lebend gebärend. Sie haben normalerweise zwischen sieben und 14 Jungtiere, die hoch oben in den Baumwipfeln geboren werden, denn auf den Erdboden kommen diese Schlangen fast nie.

Große Anakonda

BIOLOGISCHER STECKBRIEF

Wissenschaftlicher Name
Eunectes murinus

Familie
Riesenschlangen (Boidae)

Heimat
Nördliches Südamerika

Lebensraum
In Regenwaldflüssen und Überflutungsgebieten

Größe
6,0–9,5 m

Ernährung
Fische, Amphibien, Reptilien, Vögel und Säugetiere

Um die Größe und Stärke dieser Riesenschlange ranken sich unzählige Gerüchte. So wird immer wieder von Exemplaren berichtet, die zwölf Meter oder mehr messen – tatsächlich sind aber selbst Anakondas von acht Meter Länge eine absolute Seltenheit. Das größte Individuum dieser Art, das jemals gefangen wurde, soll allerdings immerhin etwa neuneinhalb Meter lang gewesen sein, einen Körperumfang von über einen Meter besessen und fast 230 Kilogramm gewogen haben. Damit ist die Anakonda aber wohl noch nicht einmal die größte Schlange der Erde – diesen Rang macht ihr der in Süd- und Südostasien heimische Netzpython *(Python reticulatus)* streitig.

Der bevorzugte Lebensraum der großen Schlangen, die ausgezeichnet schwimmen und tauchen können, sind Flüsse und Feuchtgebiete, wo sie Fische und Frösche jagen und gelegentlich auch einmal einen Kaiman erbeuten. Häufig kann man sie dort in der Ufervegetation eines Gewässers auf Beute lauern sehen, wobei oft nur noch die weit oben am Kopf sitzenden Augen und Nasenlöcher herausschauen, während der Rest des Körpers im Wasser verborgen ist. Auf diese Weise überwältigen sie dann auch immer wieder größere Landsäugetiere oder Vögel, die zum Trinken ans Wasser kommen. Eine begehrte Beute sind Wasserschweine oder Hirsche, aber die Schlangen überwältigen mühelos auch junge Jaguare. Sind die Beutetiere nahe genug herangekommen, verbeißen sich die Würgeschlangen mit den nach hinten gerichteten Zähne in ihrem Opfer und schlingen dann den muskulösen Körper um das Beutetier, um es zu ersticken. Manchmal ziehen sie es aber auch unter Wasser, um es zu ertränken. Anschließend wird das Opfer als Ganzes ver-

schlungen, was nur möglich ist, weil Schlangen sowohl den Ober- als auch Unterkiefer aus ihrem Gelenk lösen können. Dadurch lässt sich das Maul sehr weit öffnen und die Tiere können die Beute dann langsam mit den Zähnen immer weiter in den Schlund schieben.

Die meiste Zeit des Jahres leben Anakondas als Einzelgänger, aber zur Paarungszeit geben die Weibchen dann einen speziellen Duftstoff ab, der ein Männchen anlocken soll. Das gelingt in der Regel so gut, dass sich nicht selten bis zu einem Dutzend männliche Tiere einfinden. Die Paarung findet zumeist im flachen Wasser statt, ebenso wie die Geburt der bis zu 80 Jungtiere, die etwa sechs Monate später lebend geboren werden. Die Jungen, die sich noch im Körper der

Mutter aus der Eihülle befreit haben, sind beim Schlüpfen bereits über einen halben Meter lang und praktisch sofort in der Lage, für sich selbst zu sorgen.
Neben der Großen Anakonda gibt es im nördlichen Südamerika noch eine zweite, aber deutlich kleinere Art, die allerdings nur in einem eng begrenzten Gebiet im südwestlichen Brasilien sowie Paraguay, Bolivien und Nordargentinien vorkommt. Die etwa vier Meter lange Schlange wird Südanakonda oder auch Gelbe Anakonda beziehungsweise Paraguay-Anakonda (*Eunectes notaeus*, siehe Abbildung unten) genannt, und man findet sie vor allem in Bächen und Flüssen, wo sie sich hauptsächlich von Vögeln und kleineren Säugetieren ernährt, manchmal aber auch junge Kaimane erlegt.

Rautenpython

BIOLOGISCHER STECKBRIEF

Wissenschaftlicher Name
Morelia spilota

Familie
Pythonschlangen (Pythonidae)

Heimat
Australien und Neuguinea

Lebensraum
Bewohnt sowohl Wüsten, Savannen als auch Regenwälder

Größe
2–4 m

Ernährung
Reptilien, Vögel und Kleinsäuger

Von dieser hübsch gefärbten Pythonschlange, die nur in Teilen Australiens und auf Neuguinea vorkommt, gibt es eine Reihe von Unterarten. Eine von ihnen ist der Diamantpython mit gelben, schwarz gesäumten Schuppen, die in ihrer Gesamtheit ein feines, kompliziert wirkendes Netzmuster ergeben, eine andere der Teppichpython (siehe Abbildung oben) mit einer gelben Grundfärbung und einem unregelmäßigen Muster aus braunen Querbinden und oft rautenförmigen Flecken.

Rautenpythons kann man sowohl am Boden als auch in Bäumen und im Wasser finden, wo die Tiere vor allem während der Nacht auf die Jagd gehen. Nicht selten sieht man sie auch in der Nähe menschlicher Siedlungen, wo sie

Ratten und Mäusen nachstellen, sodass besonders Landwirten ihre Anwesenheit oft ganz recht ist.

Weniger gern gesehen sind allerdings Exemplare, die in Garagen Unterschlupf suchen oder gar im Motorraum der Autos, was selbst in den Randgebieten von größeren Städten durchaus häufiger vorkommt. Rautenpythons legen zwischen zehn und 50 Eier, aus denen nach etwa 60–70 Tagen die rund 40–50 Zentimeter langen Jungtiere schlüpfen.

Grüner Baumpython

Der Grüne Baumpython hat große Ähnlichkeit mit dem Grünen Hundskopfschlinger *(Corallus caninus)* aus Südamerika und führt auch ein ähnlich verstecktes Dasein in den Baumkronen großer Regenwaldbäume. Ausgewachsene Exemplare dieser Pythonart sind hellgrün mit weißen, gelben oder hellblauen Flecken auf Rücken und Flanken; die Bauchseite ist gelblich.

BIOLOGISCHER STECKBRIEF

Wissenschaftlicher Name
Morelia viridis

Familie
Pythonschlangen (Pythonidae)

Heimat
Neuguinea und Nordaustralien

Lebensraum
Kommt hauptsächlich in tropischen Regenwäldern vor

Größe
1,0–1,5 m

Ernährung
Kleinsäuger, Vögel und Echsen

Die Jungtiere haben dagegen eine völlig andere Färbung, denn sie sind leuchtend gelb, grün oder orange mit einer schwarz-weißen Zeichnung – eine weitere Übereinstimmung mit dem Grünen Hundskopfschlinger vom anderen Ende der Welt. Und genau wie die südamerikanische Würgeschlange färben sich auch die jungen Baumpythons später um und sehen erst dann aus wie ihre Eltern. In ihrem Lebensraum in luftiger Höhe bewegen sich die Grünen Baumpythons dank des abgeplatteten Körpers und ihres Greifschwanzes außerordentlich sicher. Außerdem können sie den Vorderkörper auch ohne Unterlage weit vorstrecken und so von Ast zu Ast klettern. Zur Jagd kommen die nachtaktiven Tiere aber manchmal auch auf den Boden herunter. Haben sie sich einer Beute weit genug genähert, schlagen sie ihre langen Vorderzähne in das Opfer und erwürgen es anschließend. Über eine besondere Jagdtechnik verfügen die Jungtiere, denn sie verwenden ihre schwarz-weiße Schwanzspitze, um damit einen Wurm nachzuahmen, der hungrige Echsen anzulocken soll, die dann erbeutet werden. Später ernähren sich die Pythons hauptsächlich von kleinen Säugetieren.

Buntpython

BIOLOGISCHER STECKBRIEF

Wissenschaftlicher Name
Python curtus

Familie
Pythonschlangen (Pythonidae)

Heimat
Südostasien

Lebensraum
In Tieflandregenwälder und Sümpfen

Größe
1,8–3,0 m

Ernährung
Kleinsäuger und Vögel

Den untersetzten, kurzschwänzigen Buntpython findet man vor allem in Tieflandregenwäldern Südostasiens und dort besonders häufig in Sumpfgebieten. Er ist mit einer Größe von höchstens drei Meter zwar der kleinste in Asien heimische Python, aber auch der farbenprächtigste. Die oft auch Blutpython oder Kurzschwanzpython genannte Schlange hält sich überwiegend am Boden auf, wo sie versteckt zwischen welken Blättern oder Pflanzen oft tagelang auf eine geeignete Beute wartet. Kommt eine solche in die Nähe, schnellt der keilförmige Kopf blitzschnell vor und ergreift das Opfer. Bei der Jagd kommt dem nachtaktiven Buntpython zugute, dass seine Augen – recht ungewöhnlich für Schlangen – beweglich sind, sodass er eine mögliche Beute oder auch einen sich nähernden Feind beobachten kann, ohne sich durch die Bewegung des Kopfes zu verraten.

Tigerpython

Dieser stattliche Python wird zwar normalerweise nur etwa vier Meter groß, kann aber in Ausnahmefällen auch schon einmal eine Länge von bis zu sieben Meter erreichen. Die meisten Tiere haben eine gelbe oder graue Grundfärbung und eine unregelmäßige braune Sattelzeichnung sowie ein auffälliges Pfeilmuster auf dem Kopf, an dem man den Tigerpython bei einem Zoobesuch leicht erkennen kann.

Tigerpythons sind sehr kräftige Würgeschlangen, die manchmal bis zu 80 Kilogramm schwer werden und sogar Säugetiere bis zur Größe eines Hirsches verschlingen können. Sie verschmähen aber auch kleinere Beutetiere wie Ratten oder Vögel und Echsen nicht. Ihr angestammter Lebensraum sind Regenwälder oder Grassümpfe, man findet sie aber häufig auch in der Nähe menschlicher Siedlungen. Dort fressen sie allerdings nicht nur die unerwünschten Ratten und Mäuse, sondern oft auch Hühner oder andere Haustiere, sodass das Verhältnis der Einheimischen zu diesen stattlichen Schlangen etwas zwiespältig ist.

Tigerpythons, die normalerweise als Einzelgänger leben und sich nur zur Paarungszeit auf die Suche nach einem Partner machen, legen bis zu 50 Eier, die dann vom Weibchen bewacht werden, bis die Jungen – abhängig von der Temperatur – nach etwa 60–90 Tagen schlüpfen. Dazu ringelt sich die Mutter um das Gelege und erhöht zum Ausbrüten der Eier durch Muskelkontraktionen

BIOLOGISCHER STECKBRIEF

Wissenschaftlicher Name
Python molurus

Familie
Pythonschlangen (Pythonidae)

Heimat
Südasien

Lebensraum
Kommt überwiegend in Regenwäldern und Grassümpfen vor

Größe
4–7 m

Ernährung
Größere Säugetiere

bei Bedarf ihre Körpertemperatur, etwa wenn es nachts zu kühl wird. Besonders der Helle Python, eine Unterart aus Indien und Sri Lanka, gilt in seinem Bestand als gefährdet, weil seine Haut mit den glatten Schuppen und der hübschen Färbung und Zeichnung ein begehrtes Material für die Schlangenlederherstellung ist. Daher wurden in der Vergangenheit sehr viele Tiere getötet, sodass die Unterart in vielen Regionen als ausgestorben gilt. Mittlerweile sind die Tiere in Indien und Sri Lanka aber gesetzlich geschützt und auch die Nachfrage nach Schlangenleder ist rückläufig, weil immer mehr Menschen auf den Kauf von Schuhen oder Handtaschen aus diesem Material verzichten. Da Tigerpythons in einigen Regionen Asiens als Delikatesse und angebliches medizinisches Wundermittel gelten, werden die Schlangen allerdings immer noch illegal gejagt und getötet. Außerdem gibt es weiterhin Terrarianer, die beträchtliche Summe für besonders schöne oder große Exemplare bezahlen.
Und Schlangenliebhaber sind auch zum Teil dafür verantwortlich, dass sich die Tiere inzwischen in einigen Regionen der Erde angesiedelt haben, wo sie natürlicherweise nicht vorkommen, etwa in den Sümpfen Floridas. Zumeist handelt es sich dabei um entflohene Terrarien- oder Zootiere, die sich in ihrer neuen Heimat dann oft vermehren und nicht selten einheimische Arten verdrängen. Neben zwei verschiedenen Unterarten existiert auch noch eine Albinoform, der das dunkle Farbpigment fehlt. Solche Tiere, die eine durchgängig gelbliche Färbung haben, werden inzwischen gezüchtet und im Zoofachhandel als Goldpythons (siehe Abbildung rechts) angeboten.

Königspython

BIOLOGISCHER STECKBRIEF

Wissenschaftlicher Name
Python regius

Familie
Pythonschlangen (Pythonidae)

Heimat
West- und Zentralafrika

Lebensraum
Lebt in Steppen- und Savannengebieten, aber auch Trockenwäldern

Größe
1,0–1,5 m; in Ausnahmefällen bis 2 m

Ernährung
Kleinsäuger

Dieser vergleichsweise kleine, in Afrika heimische Python hat einen kräftigen Körper, einen rundlichen Kopf und einen kurzen Schwanz. Die Oberseite ist schwarz und zeigt ein Muster aus runden, braunen Sätteln, die alle eine etwas unterschiedliche Form haben. Wegen ihrer ausgesprochen hübschen Färbung und Zeichnung sind die nicht allzu großen Pythons, die recht zahm werden können, beliebte Terrarientiere, sodass man sie früher in großer Zahl für den Handel gefangen hat. Dadurch wurden einige Populationen stark dezimiert, aber auch der Handel mit Häuten führte zu einem Rückgang der Bestände.

Königspythons sind nachtaktive Tiere, die erst in der Dämmerung aus ihren unterirdischen Verstecken hervorkommen, in denen sie sich tagsüber aufhalten. Zu ihrer Hauptbeute gehören Mäuse, Ratten und andere kleine Nager, die von den bis zu zwei Kilogramm schweren Tieren mit ihrem kräftigen Körper erwürgt werden. Sie können aber auch sehr lange Zeiträume ohne Nahrung auskommen, sodass sie ihre unterirdischen Verstecke während der Trockenzeit oft überhaupt nicht verlassen. Bei Gefahr rollen sich die stämmigen Tiere normalerweise zu einem ballförmigen Gebilde zusammen und verstecken ihren Kopf in der Mitte des Knäuels, sodass man sie auch Ballpythons nennt.

Netzpython

Diese Art kann in Ausnahmefällen bis zu zehn Meter lang werden und ist damit wohl die größte Schlange der Erde. Die Tiere haben normalerweise eine graue oder olivgrüne Grundfärbung und eine schwarze, gelbe und hellgraue, netzartige Zeichnung, der sie auch ihren Namen verdanken. Sie leben normalerweise in den feuchtwarmen Regenwäldern oder Sümpfen tropischer Regionen Süd- und Südostasiens, beispielsweise in Indonesien und auf den Philippinen.

BIOLOGISCHER STECKBRIEF

Wissenschaftlicher Name
Python reticulatus

Familie
Pythonschlangen (Pythonidae)

Heimat
Süd- und Südostasien

Lebensraum
Lebt vor allem in Regenwäldern; dringt gelegentlich aber auch auf Äcker und Wiesen vor

Größe
6–10 m

Ernährung
Vögel und Säugtiere

Da es sich um sehr anpassungsfähige Schlangen handelt, findet man sie aber auch immer wieder in die Nähe menschlicher Siedlungen, wo sie von den dort reichlich vorkommenden Ratten angezogen werden, aber auch von Haustieren, die wegen fehlender Fluchtmöglichkeit zumeist eine besonders leichte Beute darstellen. Und auch Menschen, vor allem Kinder, sind nachweislich schon Opfer dieser manchmal gewaltigen Schlangen geworden. Allerdings sind solche Fälle außerordentlich selten. Dagegen kommt es aber immer wieder einmal zu Bissunfällen durch die großen Würgeschlangen, die auch vor Menschen wenig Angst zeigen und mit ihren kräftigen Zähnen beträchtliche Wunden verursachen können.

Tagsüber halten sich die Schlangen, die auch Gitterpythons genannt werden, normalerweise versteckt am Waldboden auf, um sich dann nachts auf die Jagd

zu machen. Zu ihrer bevorzugten Beute gehören Ratten, Stachelschweine, Schuppentiere sowie Wildschweine und Affen. Da sie ausgezeichnet schwimmen, jagen sie auch im Wasser und sie wagen sich manchmal sogar weit aufs offene Meer hinaus. So gehörten Netzpythons auch zu den ersten Wirbeltieren, die die Insel Krakatau nach einem großen Vulkanausbruch, der dort im Jahre 1888 alles Leben vernichtet hatte, wieder besiedelten.

Netzpythons können recht viele Nachkommen haben. Je nach Größe der Weibchen beträgt die Zahl 30–70 Eier, die von der Mutter bewacht werden. Aus ihnen schlüpfen nach etwa drei Monaten die jungen Schlangen, die bereits 60–70 Zentimeter lang sind und bis zu 170 Gramm wiegen. Allerdings erreichen davon nur wenige die Geschlechtsreife, weil viele ihren zahlreichen Feinden zum Opfer fallen. Aber auch viele ausgewachsene Tiere erreichen nicht ihr Höchstalter. Ein Grund dafür ist die immer noch stattfindende Jagd auf Pythons, weil es weiterhin eine große Nachfrage nach ihren Häuten gibt. Zwar sind die Tiere durch das Washingtoner Artenschutzübereinkommen geschützt, das den Handel mit bestimmten Tier- und Pflanzenarten unter Strafe stellt, aber nach Schätzungen werden dennoch alljährlich weiterhin bis zu 500 000 Netzpythons für die Ledergewinnung getötet.

Felsenpython

BIOLOGISCHER STECKBRIEF

Wissenschaftlicher Name
Python sebae

Familie
Pythonschlangen (Pythonidae)

Heimat
Südlich der Sahara bis zum Norden Südafrikas

Lebensraum
Offenes Grasland, aber auch in Wäldern und Buschland

Größe
4–7 m

Ernährung
Vögel und Säugtiere

Pythons kommen nicht nur in Asien vor, sondern auch in Afrika. Neben kleinen Arten wie dem Königspython *(Python regius)* sind darunter auch sehr stattliche Vertreter wie der Felsenpython. Er wird zwar nicht ganz so lang wie der asiatische Netzpython, ist aber mit bis zu sieben Meter Länge dennoch die größte Schlange Afrikas. Der umgangssprachliche Name ist etwas irreführend, denn die Tiere leben nicht etwa vorzugsweise in Felsbiotopen, sondern man findet sie viel häufiger in offenem Grasland. Da sie sehr anpassungsfähig sind, kommen sie aber auch in Wäldern und Buschland vor.

Bei den Felsenpythons handelt es sich um außerordentlich geschickte Räuber, denen häufig auch große Säugetiere, etwa Antilopen, zum Opfer fallen. Normalerweise sind die kräftigen Schlangen eher scheu und fliehen schon bei den ersten Anzeichen einer möglichen Gefahr, wobei sie sich überraschend schnell bewegen. Wenn sie allerdings gerade Beute gemacht haben, wird diese nicht selten verteidigt – auch gegen Menschen. Dabei können sie einem Störenfried mit ihren großen Zähnen erhebliche Wunden zufügen, und es sollen auch schon Menschen durch Felsenpythons ums Leben gekommen sein.

Afrikanische Eierschlange

Wie man bereits aus dem Namen schließen kann, ernährt sich diese nicht allzu große Schlange ausschließlich von Eiern. Dabei wagt sie sich auch an Vogeleier heran, die bis zu dreimal so groß sind wie ihr schlanker Kopf. Dass die Schlange die großen Eier dennoch verschlucken kann, ist nur möglich, weil ihr Maul mit den rückgebildeten Zähnen außerordentlich dehnbar ist, ebenso wie der Hals. Zwar fressen auch einige andere Schlangen Vogeleier, doch diese zerdrücken sie aber vor dem Verschlingen zunächst mit ihrem Körper. Die Afrikanische Eierschlange würgt die Eier dagegen unversehrt herunter. Erst am Ansatz des Rumpfes

BIOLOGISCHER STECKBRIEF

Wissenschaftlicher Name
Dasypeltis scabra

Familie
Nattern (Colubridae)

Heimat
Afrika, hauptsächlich südlich der Sahara

Lebensraum
In allen Biotopen außer Regenwäldern und Wüsten

Größe
80–100 cm

Ernährung
Die Art ernährt sich ausschließlich von Eiern

werden sie von verlängerten und stark abwärts gerichteten, emailleartig überzogenen Wirbelfortsätzen, die bis in die Speiseröhre hineinragen, regelrecht aufgesägt, sodass der Inhalt frei wird und in den Magen läuft. Die Eierschale wird anschließend zusammengepresst und wieder ausgewürgt. Danach machen die Schlangen dann normalerweise noch eine Zeit lang kauende Bewegungen, um die stark geweiteten Kiefer wieder in eine normale Lage zu bringen.

Weil die schlanke, grau oder braun gefärbte, dunkel gezeichnete Eierschlange keine Angst einflössenden Zähne besitzt und auch sonst praktisch wehrlos ist, versucht sie ihre Feinde dadurch abzuschrecken, dass sie gefährliche Schlangen nachahmt. Dabei hilft ihr nicht nur die dunkle Zeichnung, die der von giftigen Ottern nicht unähnlich ist, sondern sie kann mit ihren rauen Schuppen auch ein Geräusch erzeugen, das dem der äußerst gefährlichen Sandrasselottern (Gattung *Echis*) ähnelt.

Kettennatter

BIOLOGISCHER STECKBRIEF

Wissenschaftlicher Name
Lampropeltis getular

Familie
Nattern (Colubridae)

Heimat
Nordamerika

Lebensraum
Kommt in ganz unterschiedlichen Biotopen vor, darunter Wälder, Felder, Wiesen und Weiden

Größe
90–180 cm

Ernährung
Kleinsäuger, Amphibien und Reptilien

Die auch Ketten-Königsnatter oder Gewöhnliche Königsnatter genannte ungiftige Art gehört zu den häufigsten und daher bekanntesten Schlangen Nordamerikas. Dennoch ist es nicht ganz einfach, sie sicher zu erkennen, weil die Schlangen in einzelnen Regionen ihres Verbreitungsgebiets ganz unterschiedlich gefärbt und gezeichnet sein können. Aber auch innerhalb einer Population kann es deutliche Unterschiede geben. So findet man bei einer Unterart, die Kalifornische Kettennatter genannt wird, in den Gelegen nicht selten sowohl quer als auch längs gestreifte Jungtiere.

Die stattlichen Würgeschlangen bewohnen die unterschiedlichsten Biotope, sodass man sie sowohl in den Sümpfen Floridas als auch in den Halbwüsten im Süden der Vereinigten Staaten findet. Ihre Hauptnahrung sind kleine Säugetiere, sie fressen aber auch Fische, Frösche, kleine Echsen und sogar andere Schlangen, darunter giftige Klapperschlangen, gegen deren Bisse sie bis zu einem gewissen Grad resistent sind.

Erstaunlich ist, dass die Klapperschlangen genau wissen, dass sie gegen diesen Feind selbst mit ihrem starken Gift nichts ausrichten können. Daher nehmen sie auch nicht ihre übliche Angriffstellung mit zusammengerolltem

Hinter- und hoch aufgerichtetem Vorderkörper ein, und sie sparen sich sogar das warnende Klappern mit ihrer Rassel. Stattdessen drücken sie den Vorderkörper, in den sich die Kettennatter zumeist verbeißt, an den Boden und schlagen mit dem Hinterteil nach ihrer Erzfeindin. Allerdings nutzt diese verzweifelte Abwehrreaktion normalerweise wenig, sodass die Klappenschlange, wenn sie einmal von der Kettennatter in die Enge getrieben wurde, kaum eine Überlebenschance hat.

Dreiecksnatter

BIOLOGISCHER STECKBRIEF

Wissenschaftlicher Name
Lampropeltis triangulum

Familie
Nattern (Colubridae)

Heimat
Nord-, Mittel- und nordwestliches Südamerika

Lebensraum
Kommt in den unterschiedlichsten Biotopen vor, allerdings nicht in Wüstengebieten

Größe
50–200 cm

Ernährung
Kleinsäuger und Reptilien

Die Dreiecksnatter, deren Verbreitung vom Südosten Kanadas bis nach Kolumbien und Ecuador reicht, ist eine sehr variable Art, bei der sich die Angehörigen nicht nur in der Färbung, sondern auch in der Größe oft deutlich unterscheiden. So erreichen einige Unterarten gerade einmal eine Länge von 50 Zentimeter, während andere bis zu zwei Meter groß werden. Die meisten Exemplare haben gelbe, rote, schwarze oder manchmal weiße Querbinden, es gibt aber auch völlig schwarze Tiere.

Dreiecksnatter

Die hübsche Schlange wird in ihrer Heimat auch Milchschlange genannt, weil es heißt, sie würde Kühen die Milch aus dem Euter saugen. Das trifft allerdings nicht zu, ebenso wenig wie bei unserer Ringelnatter *(Natrix natrix)*, der man dies ebenfalls nachsagt. Tatsächlich kann überhaupt keine Schlange Milch saugen, weil ihre Mäuler für eine solche Nahrungsaufnahme völlig ungeeignet sind. Auch Dreiecksnattern ernähren sich hauptsächlich von Nagern und anderen kleinen Säugern sowie Echsen und manchmal auch Schlangen.

Finden kann man die Art in ganz unterschiedlichen Biotopen. So kommen sie in Wäldern als auch offenen Landschaften vor und sie sind sowohl in Bergregionen als auch im Tiefland anzutreffen. Sehr trockene Regionen, etwa die Halbwüsten im Süden der USA und in Mexiko, konnten sie allerdings nicht als Lebensraum erobern.

Besonders die kleinen Unterarten haben zahlreiche Feinde, denen die ungiftigen Tiere relativ hilflos ausgeliefert sind. In Regionen, in denen sie gemeinsam mit den stark giftigen Korallenottern (*Gattung Micrurus*, siehe Abbildung Seite 108) vorkommen, werden die Dreiecksnattern von vielen ihrer natürlichen Feinde allerdings gemieden, weil sie den giftigen Ottern sehr ähnlich sehen. Allerdings kann man die Giftottern von den ungiftigen Dreiecksnattern anhand der Farbfolge der Streifen unterscheiden. Daher gibt es auch eine Faustregel, die lautet: Folgt gelb auf rot, bist du tot. Bei den Dreiecksnattern sind die weißen und roten Bänder dagegen noch durch einen schwarzen Streifen getrennt.

Den Dreiecksnattern sehr ähnlich ist die Graugebänderte Königsnatter (*Lampropeltis alterna*, siehe Abbildung Seite 109), die auch Graustreifen-Königsnatter genannt wird. Sie kommt in Mexiko und in Teilen von Texas und New Mexico vor, wo man sie vor allem in Wüstengebieten findet. Dort leben die Tiere so versteckt, dass die Art erst 1950 entdeckt und beschrieben wurde.

Blattnasennatter

BIOLOGISCHER STECKBRIEF

Wissenschaftlicher Name
Langaha madagascariensis

Familie
Nattern (Colubridae)

Heimat
Madagaskar

Lebensraum
Bewohnt hauptsächlich Wälder

Größe
70–90 cm

Ernährung
Frösche sowie kleine Echsen und Vögel

Die madagassische Blattnasennatter ist eine besonders ungewöhnlich aussehende Schlange. Das liegt vor allem an dem ungewöhnlichen Schnauzenfortsatz, der beim Männchen in einer weichen, dornartigen dünnen Spitze ausläuft, während er beim Weibchen stark zerteilt ist und damit ein wenig an einen kleinen Tannenzapfen erinnert.

Männchen und Weibchen unterscheiden sich aber auch in der Färbung, denn männliche Tiere sind auf der Oberseite bräunlich und unterseits gelb, die Weibchen dagegen hellgrau mit einer braunen Sattelzeichnung. Über die Lebensweise dieser Art, die vor allem in Wäldern zu finden ist, aber gelegentlich auch in anderen Biotopen vorkommt, ist wenig bekannt. Man nimmt aber an, dass sich die hauptsächlich dämmerungs- und nachtaktiven Tiere überwiegend auf Bäumen aufhalten und dort vor allem Frösche sowie kleine Echsen oder Vögel jagen.

Ringelnatter

Die ungiftige Ringelnatter gehört zu der wenigen Schlangen, die auch regelmäßig in Mitteleuropa vorkommen. Zu erkennen ist sie an ihrer grauen, grünlichen oder bräunlichen Färbung und den leuchtend gelben, orangefarbenen oder weißen Mondflecken hinter dem Kopf. In anderen Teilen ihres sehr großen Verbreitungsgebiets, das von Schottland bis zum Baikalsee in Sibirien und von Schweden bis Nordafrika reicht, können die Tiere aber auch etwas anders gezeichnet oder gefärbt sein, sodass aufgrund dieser Unterschiede insgesamt neun Unterarten beschrieben wurden.

BIOLOGISCHER STECKBRIEF

Wissenschaftlicher Name
Natrix natrix

Familie
Nattern (Colubridae)

Heimat
Europa, Nordwestafrika sowie West- und Mittelasien

Lebensraum
Bevorzugt unterschiedlichste Süßwasserbiotope

Größe
1,2–2,0 m

Ernährung
Amphibien und deren Larven sowie Fische und manchmal Kleinsäuger

Ringelnattern leben häufig in Wassernähe, also beispielsweise an Tümpeln und Weihern, in Mooren oder feuchten Wäldern sowie auf nassen Wiesen, sie kommen aber auch an größeren Seen oder Altarmen von Flüssen vor. In Feuchtbiotopen ernähren sich die Schlangen, die ausgezeichnet schwimmen und tauchen können, in ihrer Jugend vor allem von Kaulquappen und kleinen Fröschen; größere Exemplare fressen dann hauptsächlich Frösche und Molche, aber auch Fische und gelegentlich Wühlmäuse oder andere Kleinsäuger.

Nicht selten findet man die sehr anpassungsfähigen Tiere aber ebenso in anderen Lebensräumen, und selbst in der Nähe menschlicher Siedlungen kann man auf Ringelnattern treffen. So kommt es immer wieder vor, dass Gartenbesitzer beim Umschichten ihres Komposthaufens ein Gelege der Ringelnatter finden. Der Grund dafür ist, dass in einem solchen Haufen bei der Zersetzung des Pflanzenmaterials durch Mikroorganismen reichlich Wärme entsteht, die von den Nattern zum Ausbrüten ihrer Eier genutzt wird.

Aber auch Strohmieten sind beliebte Orte für die Eiablage, und weil solche Plätze nicht in unbegrenzter Zahl vorhanden sind, kann man – besonders wenn Feuchtgebiete in der Nähe sind – in einer solchen Miete oft mehrere Gelege finden, sodass dort manchmal Hunderte junger Ringelnattern schlüpfen.
Aber dies ist nicht die einzige Verbindung zwischen den attraktiven, harmlosen Schlangen und den Menschen. So galten Ringelnattern früher in manchen Regionen als Glücksbringer und man war froh, wenn ein Exemplar in einem Schuppen oder Viehstall Unterschlupf suchte. Und um sie in der Nähe zu halten, stellten ihr die Menschen manchmal sogar allabendlich ein Schälchen Milch hin, weil diese von den harmlosen Schlangen angeblich gern getrunken wurde.
Allerdings ist das nicht der einzige Aberglaube, der sich um die Ringelnatter rankt. So nahm man früher außerdem an, die Schlange könnte Beutetiere durch ihren Blick hypnotisieren. Grund dafür ist wohl, dass Frösche oft bewegungslos verharren, wenn sie eine Ringelnatter bemerken, die sich ihnen bis auf kurze Entfernung genähert hat – vermutlich in der Hoffnung, die Schlange würde das Interesse an dem bewegungslosen Objekt verlieren. Aber auch die Tatsache, dass sich manche Kröten aufrichten und aufblähen, wenn sie von einer Ringelnatter bedroht werden, wurde auf den Blick der Schlange zurückgeführt. In Wahrheit will die Kröte aber nur größer wirken, um damit nicht mehr ins Beuteschema der Ringelnatter zu passen. Allerdings gelingt die Täuschung nur selten, und erbeutet die Natter eine solche Kröte, wird diese mit dem

Hinterteil zuerst heruntergeschlungen, damit die Luft nach und nach aus dem Krötenkörper entweicht, weil er sonst tatsächlich zu groß für das Schlangenmaul wäre.

Zu den natürlichen Feinden der Ringelnatter gehören Greifvögel, Störche, Reiher, Iltisse, Füchse und Igel, aber auch Katzen stellen ihnen manchmal nach. Gelingt es den Schlangen nicht zu entkommen, beginnen sie normalerweise zu zischen und zu züngeln und schnappen nach dem Angreifer. Reicht das nicht aus, können sie aber auch ihre Stinkdrüsen einsetzen, deren durchdringender Geruch viele Feinde abschreckt oder sie erbrechen ihren Mageninhalt, was auch nicht angenehmer riecht.

Lässt sich ein Angreifer auch davon nicht beeindrucken, stellt sich die Ringelnatter oft tot, indem sie den Körper verdreht, unter Zittern das Maul aufreißt und die Zunge heraushängen lässt (siehe Abbildung rechts). Außerdem wird der Körper häufig völlig starr, um kurz darauf zu erschlaffen, sodass man die wie tot wirkende Schlange beliebig hin und her drehen kann. Wendet sich der Angreifer ab, weil er kein Interesse an toten Tieren hat, richtet sich die Ringelnatter nach kurzer Zeit wieder auf und verschwindet lautlos im Gras oder gleitet ins Wasser.

Die kalte Jahreszeit verbringen die Ringelnattern vorzugsweise in Felsspalten oder unter Baumwurzeln in Wassernähe. Manchmal kann man sie aber auch in einem Komposthaufen oder sogar in Gebäuden finden. Kurz nach dem Verlassen der Winterquartiere findet dann die Paarung und Eiablage statt.

Das Gelege befindet sich zumeist unter Laubhaufen verborgen; wie erwähnt legen sie ihre Eier aber auch in Kompost- oder sogar Misthaufen ab, in denen ebenfalls ausreichend Wärme für das Ausbrüten der Eier vorhanden ist. Die beim Schlüpfen etwa 15–20 Zentimeter langen Jungtiere sind sofort in der Lage für sich selbst zu sorgen.

Raue Grasnatter

BIOLOGISCHER STECKBRIEF

Wissenschaftlicher Name
Opheodrys aestivus

Familie
Nattern (Colubridae)

Heimat
Nordamerika und nordöstliches Mexiko

Lebensraum
Bewohnt ganz unterschiedliche Lebensräume, kommt aber nicht in Wüstengebieten vor

Größe
80–160 cm

Ernährung
Insekten und Spinnentiere

Diese außerordentlich zierlich wirkende schlanke Natter hält sich gern in der dichten Ufervegetation von Flüssen, Seen und anderen Gewässern auf, wo sie dank ihrer hellgrünen Ober- und gelbgrünen Unterseite und des grazilen Körpers, der sich kaum von grünen Pflanzenstängeln unterscheidet, sehr gut getarnt ist. Man findet die tagaktiven Reptilien aber auch in anderen Biotopen, etwa Wäldern und Graslandschaften mit vereinzelten Bäumen und Büschen, in denen die Tiere auf der Suche nach Beute sehr geschickt umherklettern.

Grasnattern fressen überwiegend größere Insekten, etwa Heuschrecken oder Raupen, sie jagen aber auch Spinnen und Skorpione. Da sie tagaktiv sind und sich zudem leicht ernähren lassen, werden sie gern in Terrarien gehalten. Auf die wild lebenden Bestände hat dies bisher aber kaum Auswirkungen gehabt, nicht zuletzt, weil sich die Tiere auch in menschlicher Obhut gut vermehren. Zu größeren Verlusten kommt es dagegen häufig bei Populationen, die sich auf bewirtschafteten Feldern und Wiesen angesiedelt haben, weil die Tiere nicht selten durch eine Anreicherung von Insektiziden geschädigt werden, die sie mit ihrer Nahrung aufnehmen.

Kornnatter

BIOLOGISCHER STECKBRIEF

Wissenschaftlicher Name
Pantherophis guttatus

Familie
Nattern (Colubridae)

Heimat
Östliches und mittleres Nordamerika

Lebensraum
Kommt in den unterschiedlichsten Biotopen vor, von trockenen Wäldern über Brachflächen und Felder bis zu Sümpfen

Größe
1,0–1,5 m;
in Ausnahmefällen bis 2 m

Ernährung
Kleinsäuger und Vögel

Die hübschen, in Nordamerika heimischen Kornnattern kann man in den unterschiedlichsten Lebensräumen finden. So kommen sie beispielsweise in Wäldern vor, wo die dämmerungs- und nachtaktiven Tiere, die ausgezeichnet klettern können, gern nach Vogelnestern mit Eiern oder Jungvögeln suchen. Sie wagen sich aber häufig auch in die Nähe des Menschen, um auf Feldern oder in landwirtschaftlichen Nebengebäuden Mäuse zu jagen. Tagsüber verstecken sie sich dagegen gern in Baumhöhlen oder unter welkem Laub auf dem Boden.

In kälteren Regionen ihres Verbreitungsgebiets, das im Norden bis zu den Neuenglandstaaten der USA reicht, halten die Schlangen eine Winterruhe. Dazu kriechen sie gern in Höhlen oder größere Felsspalten, und weil diese zumeist nicht in unbegrenzter Zahl zur Verfügung stehen, findet man an solchen Plätzen oft Hunderte von Exemplaren.

Gewöhnliche Strumpfbandnatter

BIOLOGISCHER STECKBRIEF

Wissenschaftlicher Name
Thamnophis sirtalis

Familie
Nattern (Colubridae)

Heimat
USA, Kanada und Nordmexiko

Lebensraum
Bewohnt unterschiedliche Biotope in Wassernähe

Größe
70–130 cm

Ernährung
Vor allem Amphibien, Fische, Schnecken und Würmer

Von dieser anpassungsfähigen, in Nordamerika weitverbreiteten Art gibt es eine Reihe von Unterarten, die sich vor allem in der Färbung beträchtlich unterscheiden können. Eine besonders hübsche Unterart ist die San-Francisco-Strumpfbandnatter (*Thamnophis sirtalis tetrataenia*, siehe Abbildung Seite 123) mit den breiten roten Streifen und der hellen, zumeist gelblichen oder grünlichen, dunkel gesäumten Längsbinde auf dem Rücken. Leider ist die Art, die nur in einem kleinen Gebiet bei San Francisco an der Westküste der USA vorkommt, in ihrem angestammten Lebensraum sehr selten geworden, sodass es inzwischen vermutlich schon mehr Exemplare in Terrarien gibt als in der Natur.

Strumpfbandnattern halten sich vorzugsweise in der Nähe von Gewässern auf, man findet sie aber manchmal auch an nur saisonal Wasser führenden Flüssen oder Bächen. In den meisten Regionen ihres Verbreitungsgebiets gehen die Tiere während des Tages auf die Jagd, aber dort, wo sie die Flussufer bis in Halbwüsten oder andere Trockengebiete hinein besiedeln, machen sie sich wegen der großen Hitze oft erst in der Dunkelheit auf die Suche nach Beute. Diese besteht hauptsächlich aus Amphibien und Fischen; in Regionen, wo weniger Wasser vorhanden ist, fressen sie aber sehr häufig auch die Jungen kleiner Nagetiere, die sie nicht selten direkt aus den Nestern holen. Außerdem gehören Nacktschnecken, Würmer und gelegentlich kleine Vögel zu ihrer Beute.

Gewöhnliche Strumpfbandnatter

In einigen Regionen ernähren sich die Strumpfbandnattern oft auch von einer stark giftigen Amphibienart, dem Rauhäutigen Gelbbauchmolch *(Taricha granulosa)*. Das ist insofern erstaunlich, als die etwa 20 Zentimeter langen Molche ein starkes Nervengift namens Tetrodotoxin (TTX) produzieren, das beispielsweise auch den Kugelfisch so gefährlich macht. Daher machen die meisten Räuber, die sich hauptsächlich von Amphibien ernähren, um diesen Lurch einen großen Bogen. Nicht so die Strumpfbandnatter, denn bei vielen Individuen zeigt das Gift aufgrund einer Genmutation wenig Wirkung, sieht man einmal davon ab, dass die Schlangen sich nach einer solchen Mahlzeit langsamer bewegen oder gar eine längere Ruhephase einlegen.

Um diese gefährlichen Feinde dennoch abwehren zu können, bilden die Molche inzwischen immer größere Mengen ihres Nervengifts, aber genutzt hat das bisher wenig. Der Grund ist, dass viele Strumpfbandnattern so unempfindlich gegenüber dem Molchtoxin sind, dass sie bis zum Zehnfachen der Menge aushalten, die ein Molch produzieren kann. Und ins Unermessliche können die Amphibien die Giftproduktion auch nicht steigern, denn sie sind selbst nur resistent gegen TTX und nicht etwa immun, sodass sie sich sonst irgendwann selbst vergiften würden.

In kälteren Regionen halten Strumpfbandnattern eine Winterruhe. Dazu ziehen sie sich zumeist in Höhlen zurück in denen man oft Tausende Exemplare finden kann, die dicht an dicht zusammen liegen – manchmal sogar untermischt mit Klapperschlangen. Im Frühjahr verlassen die Männchen dann möglich schnell die Höhle, um vor dem Eingang auf ein Weibchen zu warten. Erscheint ein weibliches Tier, sind zumeist sofort zahlreiche Männchen zur Stelle, die sich alle mit ihm paaren wollen. Dieses Gerangel vor den Höhlen kann über Wochen andauern und viele Männchen gehen dabei leer aus.

Um ihre Chancen zu erhöhen, haben einige Individuen allerdings eine spezielle Anpassung entwickelt, mit der sie sich einen Vorteil gegenüber ihren Konkurrenten verschaffen: Sie produzieren den Geruchsstoff weiblicher Strumpfbandnattern, sodass sich unzählige Artgenossen auf das vermeintliche Weibchen stürzen, um sich mit ihm zu paaren. Bei diesen vergeblichen Bemühungen und den Kämpfen mit ihren Rivalen verlieren die meisten Männchen dann so viel Kraft, dass sie, wenn tatsächlich wieder ein Weibchen auftaucht, chancenlos sind – ganz im Gegensatz zum angeblichen Weibchen, das seine Energie aufgespart hat und sich daher nun leicht gegen die geschwächten Rivalen durchsetzen kann. War die Paarung erfolgreich, bringen die Weibchen nach zwei bis drei Monaten zehn bis 20 lebende Jungtiere zur Welt.

Äskulapnatter

BIOLOGISCHER STECKBRIEF

Wissenschaftlicher Name
Zamenis longissimus

Familie
Nattern (Colubridae)

Heimat
Europa und Westasien

Lebensraum
Im Tiefland findet man die Art häufig in mit Büschen bewachsenen Lebensräumen, in höheren Lagen auch in Felsbiotopen

Größe
1,4–2,2 m

Ernährung
Kleinsäuger und Vögel

Der Mythologie zufolge hatte Asklepios, der griechische Gott der Heilkunst, stets einen Wanderstab bei sich, um den sich eine Schlange wand, bei der es sich um eine Äskulapnatter gehandelt haben soll. Und dieser schlangenumwundene Äskulapstab ist bis heute das Zeichen des ärztlichen Standes.

Äskulapnattern sind recht große, aber eher unscheinbar olivgrün bis braun gefärbte Würgeschlangen. Sie kommen hauptsächlich in trockenen Biotopen im Mittelmeerraum vor, beginnend von Spanien, über Südfrankreich und Italien bis in die Türkei und den Iran. Dort jagen sie zwischen Felsblöcken und an Trockenmauern gern Ratten und andere Nager, sodass man mit etwas Glück eine solche Schlange auch einmal zu sehen bekommt. Es gibt aber auch vereinzelte isolierte Populationen in Mitteleuropa, allerdings nur an sehr warmen Standorten, etwa im Donauraum und bezeichnenderweise in der Umgebung von Schlangenbad in Hessen.

Warum die Schlangen dort vorkommen, weiß man nicht genau. Ursprünglich hieß es, sie seien einst mit den Römern, denen die Natter heilig war, in unsere Breiten gekommen, aber wahrscheinlicher ist, dass die Art zu Zeiten mit wärmerem Klima auch in Mitteleuropa verbreitet war. Und als es später kühler wurde, konnten sich dann einzelne Populationen auf wenigen „Wärmeinseln“ halten.

Äskulapnattern ernähren sich hauptsächlich von Kleinsäugern, fressen aber auch Eidechsen und Vögel sowie deren Eier und Küken. Ihre Beute, die vor allem am Boden gejagt wird, ergreifen die Schlangen mit den Zähnen und erwürgen sie dann.

Olive Seeschlange

Diese Art gehört zu den Seeschlangen die das Wasser niemals verlassen. Werden sie dennoch einmal an einen Strand gespült, sind sie in vielen Fällen nicht einmal mehr in der Lage, ins Wasser zurückzukriechen, sondern gehen zumeist schnell ein, weil ihr Kreislauf versagt. Um das Wasser nicht zur Eiablage an Land verlassen zu müssen, bringen sie lebende Jungen unter Wasser zur Welt. In aller Regel handelt es sich dabei nur um drei bis vier Nachkommen, die aber bei Geburt nicht selten schon halb so groß sind wie die Mutter.

BIOLOGISCHER STECKBRIEF

Wissenschaftlicher Name
Aipysurus laevis

Familie
Giftnattern (Elapidae)

Heimat
Australien, Neuguinea und Neukaledonien

Lebensraum
Kommt ausschließlich im Meer vor, bevorzugt Korallenriffe oder Flussmündungen

Größe
1,2–2,2 m

Ernährung
Hauptsächlich Fische, aber auch Krebse

Die Olive Seeschlange hat einen grünlichen bis braunen, seitlich abgeplatteten Körper, der dem Wasser wenig Widerstand entgegensetzt und einen breiten Ruderschwanz, mit dessen Hilfe sie sich recht schnell durchs Wasser bewegen kann. Außerdem besitzt die Art einen deutlich vergrößerten linken Lungenflügel, der es den Tieren ermöglicht, vergleichsweise lange unter Wasser zu bleiben. Außerdem wirkt er wie eine Schwimmblase, sorgt also für den nötigen Auftrieb, damit die Tiere sich nicht durch ständige Bewegungen in der Schwebe halten müssen. Eine weitere Anpassung an ihren marinen Lebensraum sind spezielle Drüsen, mit deren Hilfe die Schlangen überschüssiges Salz, das mit dem Meerwasser in ihren Körper gelangt, ausscheiden können.

Bevorzugter Lebensraum dieser Seeschlangen sind Korallenriffe, in denen sie oft Reviere bilden. Dort jagen sie dann hauptsächlich Fische, die mit einem sehr starken Nervengift bewegungsunfähig gemacht werden. Dieses Gift ist auch für den Menschen absolut tödlich, und da die Tiere recht neugierig sind, nähern sie sich immer wieder einmal Tauchern, die zufällig in ihre Nähe gelangen. Dennoch kommt es relativ selten zu Unfällen, weil die Art nicht als besonders aggressiv gilt und nur zubeißt, wenn sie gereizt wird.

Blattgrüne Mamba

BIOLOGISCHER STECKBRIEF

Wissenschaftlicher Name
Dendroaspis angusticeps

Familie
Giftnattern (Elapidae))

Heimat
Kommt von Kenia bis Südafrika vor

Lebensraum
Lebt ausschließlich in Wäldern und Dickichten

Größe
1,5–2,5 m

Ernährung
Vor allem Vögel, aber auch Frösche und Kleinsäuger

Die auch Gewöhnliche Mamba genannte Art lebt fast ausschließlich auf Bäumen, wobei Wälder und Buschland in der Nähe von Gewässern als Lebensraum bevorzugt werden. Dort kann man die Schlangen überwiegend tagsüber auf der Suche nach Vögeln, Bäumfröschen und Echsen beobachten. Eine häufige Beute sind Chamäleons, sie fressen aber vereinzelt auch Kleinsäuger. Die Tiere besitzen ein starkes Gift, das auch für Menschen sehr gefährlich ist. Da sie sehr scheu sind und normalerweise auch nicht in die Nähe menschlicher Siedlungen kommen, gibt es jedoch kaum Berichte über tödliche Unfälle. Aber natürlich muss bei einem Biss, wie bei allen Mambas, sofort ärztliche Hilfe in Anspruch genommen werden, weil die Sterblichkeitsrate sonst sehr hoch ist. Normalerweise tritt der Tod nach drei bis acht Stunden ein.

Die Blattgrüne Mamba legt etwa zehn Eier in einer Baumhöhle oder unter einem Laubhaufen ab. Die Jungtiere sind zunächst blaugrün gefärbt. Verwechselt wird die Art manchmal mit den ebenfalls grünen, aber sehr viel häufigeren, kleineren und zudem harmlosen Buschschlangen (Gattung *Philothamnus*), die ebenfalls im tropischem Afrika vorkommen.

Schwarze Mamba

BIOLOGISCHER STECKBRIEF

Wissenschaftlicher Name
Dendroaspis polylepis

Familie
Giftnattern (Elapidae)

Heimat
Vor allem in Ost- und Südafrika, vereinzelt auch in Westafrika

Lebensraum
Trockene Savannenwälder und Dornbuschbiotope

Größe
2,2–4,5 m

Ernährung
Hauptsächlich Vögel und Kleinsäuger

Die Schwarze Mamba gilt als giftigste Schlange Afrikas. Da die Tiere vergleichsweise scheu sind, kommt es zwar nicht besonders häufig zu Unfällen mit dieser Art, aber wenn ein Mensch gebissen wird, verläuft die Begegnung häufig tödlich. Das gilt vor allem für Regionen mit einer mangelhaften medizinischen Versorgung, denn die Opfer versterben zumeist innerhalb einer Stunde nach dem Biss.

Genaugenommen hat die Schwarze Mamba ihren Namen ein wenig zu Unrecht bekommen, denn sie ist eigentlich eher grau bis braun mit einer hellen Unterseite. Möglicherweise geht die Bezeichnung aber auch auf das schwarze Innere des Maules zurück, das sichtbar wird, wenn sie dies bei einer vermeintlichen Gefahr drohend aufreißt.

Im Gegensatz zur nah verwandten Blattgrünen Mamba *(Dendroaspis angusticeps)* hält sich die Schwarze Mamba häufiger am Boden auf. Sie kann allerdings auch sehr gut klettern, sodass man sie manchmal auf der Jagd nach Vögeln auch in Bäumen sieht. Häufiger ernährt sie sich aber von Kleinsäugern wie Mäusen oder Ratten. Während ihrer Ruhephasen versteckt sie sich zumeist in Felsspalten, alten Termitenhügeln oder verlassenen Nagetierbauten. Wird sie dort gestört oder auch während der Jagd in die Enge getrieben, kann die sehr gewandte und schnelle, tagaktive Schlange sehr aggressiv reagieren. Die Männchen finden die Weibchen zumeist dadurch, dass sie deren Duftspuren folgen. Vor der Paarung kommt es manchmal zu Kämpfen zwischen rivalisierenden Tieren. Die etwa 15 Eier werden in Erdlöchern oder auch unter sich ablösenden Baumrindestücken versteckt. Die Jungtiere sind anfangs noch um einiges heller gefärbt als ausgewachsene Exemplare.

Natternplattschwanz

BIOLOGISCHER STECKBRIEF

Wissenschaftlicher Name
Laticauda colubrina

Familie
Giftnattern (Elapidae)

Heimat
Von Ostindien über Südjapan bis zu den Fidschiinseln

Lebensraum
Lebt überwiegend in Korallenriffen und küstennahen Mangrovensümpfen

Größe
1–2 m

Ernährung
Fische

Den Natternplattschwanz erkennt man leicht an den regelmäßigen dunklen Querbinden und der typischen gelben Lippenzeichnung, sodass man die Art manchmal auch Gebänderte Gelblippenseeschlange nennt. Die Tiere gehören zu denjenigen Meeresschlangen, die das Wasser zumindest gelegentlich verlassen, sodass man sie manchmal auch an Land findet. Und auch die bis zu 20 Eier legen diese Schlangen an Stränden ab, wobei sich an bestimmten Plätzen manchmal sogar eine größere Zahl dieser Reptilien beobachten lässt.

Der Natternplattschwanz besitzt ein starkes Gift, das auch Menschen gefährlich werden kann. Da die Tiere sich normalerweise aber wenig aggressiv verhalten, kommt es jedoch selten zu schweren Unfällen mit dieser attraktiven Art. Problematisch ist allerdings, dass nach einem Kontakt mit der Seeschlange kaum lokale Wirkungen an der Bissstelle auftreten, sodass die kleine Wunde oft nicht weiter beachtet wird oder gar unbemerkt bleibt. Geschieht dies, kann es leicht zu lebensbedrohlichen Situationen kommen, weil die notwendige Behandlung ausbleibt. Normalerweise wird das Gift aber bei der Jagd nach Fischen eingesetzt, wobei Aale ganz augenscheinlich zur Lieblingsnahrung der Schlangen gehören. Es gibt aber auch nah verwandte Arten, die sich auf Fischlaich spezialisiert haben oder vorzugsweise Fischlarven fressen.

Arizona-Korallenschlange

Diese rot und weiß oder gelb und schwarz geringelte Art, die oft nur 30 cm lang wird, gehört zu den kleineren Korallenschlangen. Sie bewohnt überwiegend Trockengebiete, etwa Wüsten, Savannen und trockene Wälder, ist aber oft auch in ausgetrockneten Flussbetten oder an Geröllhängen zu finden. Dort halten sich die Tiere tagsüber in unterirdischen Verstecken oder unter Steinen auf, sodass man sie normalerweise selten zu sehen bekommt. Erst bei Einbruch der Dunkelheit wagen sie sich dann heraus, um sich auf die Jagd nach Echsen, kleinen Schlangen, aber auch Insekten zu machen. Werden sie gestört, richten sie ihren Schwanz auf und bewegen ihn drohend hin und her. Die Tiere besitzen ein Gift, das für Menschen aber anscheinend nicht allzu gefährlich ist, sodass es keine Berichte über größere Beschwerden oder gar Todesfälle nach einem Biss gibt.

BIOLOGISCHER STECKBRIEF

Wissenschaftlicher Name
Micruroides euryxanthus

Familie
Giftnattern (Elapidae)

Heimat
Südwesten der USA und nordwestliches Mexiko

Lebensraum
Bewohnt trockene Lebensräume

Größe
30–55 cm

Ernährung
Andere Reptilien und Insekten

Harlekin-Korallenschlange

Harlekin-Korallenschlangen leben vorzugsweise in trockenen Wäldern mit Sandboden, wo sie sich tagsüber oft unter welken Blättern oder in Erdlöchern verstecken. Im Gegensatz zur ähnlich aussehenden Arizona-Korallenschlange *(Micruroides euryxanthus)* können Bissunfälle mit dieser stark giftigen Art durchaus tödlich verlaufen. Problematisch ist dabei, dass die Tiere gelegentlich auch in der Nähe menschlicher Siedlungen zu finden sind, vor allem auf Feldern, wo sie dann manchmal beim Pflügen zutage gefördert werden. Aber auch mit ungiftigen Nattern, die eine dreifarbige Zeichnung aus roten, gelben und schwarzen Querbändern haben, etwa der Dreiecksnatter *(Lampropeltis triangulum)*, kann diese Korallenschlange leicht verwechselt werden. Zur Hauptnahrung der Tiere gehören andere Schlangen und Echsen.

BIOLOGISCHER STECKBRIEF

Wissenschaftlicher Name
Micrurus fulvius

Familie
Giftnattern (Elapidae)

Heimat
Südosten und Süden der USA sowie nordöstliches Mexiko

Lebensraum
Kommt vor allem in trockenen Wäldern vor

Größe
70–100 cm

Ernährung
Kleine Schlangen und Echsen

Uräusschlange

Wenn die Darstellungen aus dem alten Ägypten richtig interpretiert werden, genossen Schlangen, darunter auch die Uräusschlange, dort ein sehr hohes Ansehen. So wurde beispielsweise die Göttin Uto in Gestalt einer Schlange verehrt, sie galten im Ägypten der Pharaonenzeit aber auch als Symbol der Macht. Dies galt besonders für die Uräusschlange, eine dort heimische Kobraart, die in vielen Darstellungen, beispielsweise auf der berühmten Totenmaske Tutanchamuns (siehe Abbildung Seite 145), zu finden ist. Auf dieser Maske ist sie mit erhobenem Kopf und aufgerichtetem Halsschild abgebildet, als wolle sie den Herrscher verteidigen.

BIOLOGISCHER STECKBRIEF

Wissenschaftlicher Name
Naja haje

Familie
Giftnattern (Elapidae)

Heimat
Nordafrika, im Bereich der Sahara und auf der Arabischen Halbinsel

Lebensraum
Vor allem in Savannen, trockenen Wäldern und Halbwüsten

Größe
1,5–2,4 m

Ernährung
Kleinsäuger, Vögel, andere Reptilien und Eier

Aber auch die ägyptische Königin Kleopatra soll die Uräusschlange benutzt haben, als sie 30 v. Chr. durch den berühmt gewordenen Biss einer Giftschlange freiwillig aus dem Leben schied. Und tatsächlich verfügt diese Kobra über ein sehr starkes Nervengift, sodass bereits etwa 15 Milligramm ausreichen, um einen Menschen zu töten.

Allerdings gilt die Uräusschlange als eher scheu, sodass die Tiere normalerweise fliehen, wenn sich ihnen ein Mensch nähert. Treibt man sie jedoch in die Enge, kann sie zu einem sehr wehrhaften Reptil werden. Ein Angriff erfolgt allerdings normalerweise erst nach einer unübersehbaren Drohgebärde, bei

der sich die Tiere aufrichten, ihre beweglichen Halsrippen spreizen, damit der typische Halsschild entsteht und laut zischen. Wird diese Drohung ignoriert, stoßen die Schlangen oft blitzartig zu und schlagen die bis zu einen Zentimeter langen Giftzähne in den Angreifer. Heute gibt es allerdings sehr wirksame Antiseren gegen Kobragifte, sodass sich bei sofortigen Gegenmaßnahmen tödliche Unfälle zumeist vermeiden lassen.
Uräusschlangen sind große, kräftige Tiere, die eine etwas unterschiedliche Färbung aufweisen können. Daher unterscheidet man normalerweise mehrere Unterarten, darunter gelbliche bis braune aber auch fast pechschwarze Exemplare. Ihre Hauptnahrung sind andere Schlangen.

Monokelkobra

Der umgangssprachliche Name dieser sehr giftigen Kobra leitet sich von der Tatsache ab, dass sie – im Gegensatz zur Brillenschlange *(Naja naja)* – keine vollständige Brillenzeichnung auf dem Halsschild hat, sondern nur ein Monokelmuster. Es handelt sich um die häufigste Kobra in Südostasien, die bis zu zwei Meter lang werden kann und daher schon durch ihre Größe recht bedrohlich wirkt. Zusätzlich kann sie mithilfe der beweglichen Halsrippen ihren breiten Halsschild aufrichten, was sie noch beeindruckender aussehen lässt. Wie die meisten asiatischen Kobras ernährt sie sich hauptsächlich von Ratten, Kröten und anderen Schlangen. Sie sind aber manchmal auch Kannibalen, fressen also kleinere Exemplare der eigenen Art.

BIOLOGISCHER STECKBRIEF

Wissenschaftlicher Name
Naja kaouthia

Familie
Giftnattern (Elapidae)

Heimat
Östliche Himalajaregion bis Südthailand und Vietnam

Lebensraum
Mittelgebirgs- und Tieflandwälder, aber auch auf Reisfeldern und in menschlichen Siedlungen

Größe
1,5–2,0 m

Ernährung
Kleinsäuger, Vögel, Reptilien, Amphibien und Vogeleier

Brillenschlange

BIOLOGISCHER STECKBRIEF

Wissenschaftlicher Name
Naja naja

Familie
Giftnattern (Elapidae)

Heimat
Südhimalaja bis Sri Lanka

Lebensraum
Mittelgebirgs- und Tieflandwälder, aber auch auf Reisfeldern und sogar in Parks von Großstädten

Größe
1,2–1,7 m

Ernährung
Kleinsäuger, Vögel und deren Eier, Reptilien und Amphibien

Die Brillenschlange ist die häufigste Kobraart. Sie hat ein riesiges Verbreitungsgebiet, das Teile Mittelasiens, ganz Indien sowie einige Gebiete Chinas und zahlreiche Inseln dieser Region umfasst. Wie viele Schlangen mit einer großen Verbreitung kann auch diese Kobra sehr variabel gefärbt sein. So gibt es bräunliche und graue Exemplare, aber auch vollkommen schwarze Tiere; außerdem findet man teilweise ganz erhebliche Unterschiede in der Zeichnung. Typisch für die meisten Exemplare ist aber das brillenartige Muster auf der Rückseite des Halsschilds.

Brillenschlangen sind gefährliche Giftschlangen, die einen Angriff aber normalerweise zunächst deutlich ankündigen. So richten sie den Vorderkörper auf, spreizen die verlängerten Rippen ihrer Halswirbel zu einem Schild und zischen laut und vernehmlich. Reicht diese Drohung nicht aus, kommt es zumeist zu einigen Scheinangriffen, bei denen die Tiere mit geschlossenem Maul in Richtung des Angreifers stoßen. Erst wenn auch das erfolglos bleibt, kann ein echter Angriff erfolgen, bei dem die Tiere ihr starkes Nervengift, von dem sie beachtliche Mengen produzieren können (bis zu 300 Milligramm), in das Opfer injizieren. Erfolgt anschließend keine Behandlung, kommt es oft schon nach zwei Stunden zu einem Atem- und Herzstillstand.

Hauptsächlich wird das Gift aber natürlich zum Beutefang eingesetzt. Zu den Tieren, denen die Brillenschlange, die auch Südasiatische Kobra genannt wird, besonders häufig nachstellt, gehören Ratten, Mäuse und andere Kleinsäuger, aber auch Vögel, Echsen und Amphibien. Außerdem fressen die Tiere häufig Vogeleier und sogar Fische oder andere Schlangen. Normalerweise sind Brillenschlangen tagaktiv, aber in der Nähe menschlicher Siedlungen gehen sie vor allem nachts auf die Jagd.

Vor Feinden sind die Kobras durch ihr starkes Gift normalerweise gut geschützt, aber gegen die Attacken von Mungos *(Herpestes edwardsii)* sind sie oft machtlos. Mungos sind bis 45 Zentimeter große Säuger, die neben den unterschiedlichsten Wirbellosen und Wirbeltieren auch Schlangen fressen, darunter die gefährlichen Kobras. Dabei kommt ihnen zugute, dass sie gegen das Gift dieser Kobras bis zu einem gewissen Grad resistent sind. Daher wirken Mungos nach einem Biss oft auch nur etwas geschwächt, gehen aber normalerweise nicht zugrunde.

Sehr häufig gelingt es den Kobras aber nicht einmal, ihrem Erzfeind das Gift überhaupt zu injizieren, denn Mungos sind ausgesprochen geschickte und flinke Schlangenjäger. So versuchen sie ihr Opfer möglichst von oben anzugreifen, denn ein Aufwärtsstoß gehört für die meisten Reptilien nicht zum normalen

Verhaltensrepertoire, sondern ihre Angriffe richten sich stets nach vorn oder unten. Daher springen die Mungos immer wieder um ihr Opfer herum, wobei sie den Stößen sehr geschickt ausweichen und warten, bis es ihnen möglich ist, sich im Nacken der Kobra zu verbeißen. Gelingt das, ist es um die Schlange zumeist geschehen. Aber auch bestimmten Greifvögeln gelingt es manchmal, eine Brillenschlange zu erbeuten.

In Teilen Indiens wird im August ein Fest zu Ehren der Kobra gefeiert, weil sich der Gott Vishnu während der Neuschöpfung des Universums auf ihrem Körper ausgeruht haben soll. Vor den Festlichkeiten fangen die Menschen zahlreiche Brillenschlangen, bewahren sie in Tongefäßen an geschmückten Altären auf und bieten ihnen Milch als Nahrung an. Am Schlangentag werden sie dann aus den Gefäßen geholt und mit bloßen Händen umhergetragen, weil es heißt, die Tiere würden an diesem Tag nicht beißen. Und tatsächlich scheint es dabei nur selten zu Unfällen zu kommen.

Indien ist aber auch die Heimat der Schlangenbeschwörer, die ihre Kunststücke häufig mit Brillenschlangen durchführen. Diese Schlangen eignen sich besonders gut für eine Zurschaustellung, weil sie ein tödlich wirkendes Gift besitzen und zudem an ihrer typischen Nackenfärbung leicht zu erkennen sind, sodass eine Täuschung mit harmloseren Schlangen weitgehend ausgeschlossen ist.

Zu Beginn ihrer Vorstellung öffnen die Schlangenbeschwörer den Deckel des Körbchens, in dem die Tiere gefangen gehalten werden. Wenn die Kobras darauf ihren Kopf und Vorderkörper herausstrecken, sind sie zunächst durch das helle Licht geblendet, sodass sie verunsichert den Nackenschild aufstellen und orientierungslos mit dem Vorderköper umherpendeln. Da der Schlangenbeschwörer gleichzeitig mit seinem Flötenspiel beginnt, wirkt es so, als würden die Schlangen zu seiner Musik tanzen. Haben sich die Kobras an die Helligkeit gewöhnt, ist die Flöte, die der Gaukler rhythmisch hin- und herbewegt, das einzige Objekt, dass die Aufmerksamkeit der Schlange erregt. Daher fixiert sie dieses sehr genau, damit sie jederzeit zustoßen kann, wenn sich die Bewegung als gefährlich erweisen sollte. Das Spiel der Flöte hören die Kobras tatsächlich nicht einmal, weil sie, wie die meisten Schlangen, völlig taub sind. Außerdem wissen die meisten Zuschauer nicht, dass viele Schlangenbeschwörer ihren Kobras die Giftzähne entfernt haben, sodass die Tiere völlig ungefährlich sind. Es gibt aber auch echte Meister, bei deren Schlangen das nicht der Fall ist. Diese Schlangenbeschwörer haben normalerweise nicht nur eine sehr lange Erfahrung, sondern kennen das Verhalten ihrer Tiere zumeist auch so genau, dass sie die Gefahr, von der Schlange gebissen zu werden, gering halten können.

Rote Speikobra

BIOLOGISCHER STECKBRIEF

Wissenschaftlicher Name
Naja pallida

Familie
Giftnattern (Elapidae)

Heimat
Ostafrika

Lebensraum
Bewohnt vor allem trockene Savannen und Halbwüsten

Größe
60–75 cm

Ernährung
Hauptsächlich Kleinsäuger, Vögel und andere Schlangen

Die lachsfarben bis korallenrot oder braun gefärbte Rote Speikobra erkennt man sofort an dem breiten, schwarzen Band im Halsbereich, das besonders gut sichtbar ist, wenn die Tiere ihren Vorderkörper aufrichten. Dies tun sie vor allem bei einer vermeintlichen Bedrohung, sodass die auffällige Markierung vermutlich als zusätzliches Warnsignal dient. Und wird eine solche Warnung der nicht einmal allzu großen Kobra missachtet, kann das böse Folgen für einen uneinsichtigen Störenfried haben, denn die Schlangen sind in der Lage, ihr Gift über bis zu zwei Meter weit zu „spucken". Möglich ist das, weil die Giftzähne der Tiere winzige Öffnungen aufweisen, aus denen das Gift mithilfe spezieller Muskeln herausgepresst wird. Dabei zielen die Schlangen mit erstaunlicher Treffsicherheit auf das Gesicht des Angreifers, damit das Gift in dessen Augen gerät. Dort verursacht es dann ein außerordentlich unangenehmes Brennen, das jede weitere Attacke unmöglich macht. Gerät das Toxin ins menschliche Auge muss dieses sofort ausgewaschen werden, um bleibende Schäden zu vermeiden. Ihre Beute fängt die Schlange dagegen mit einem herkömmlichen Giftbiss.

Königskobra

BIOLOGISCHER STECKBRIEF

Wissenschaftlicher Name
Ophiophagus hannah

Familie
Giftnattern (Elapidae)

Heimat
Süd- und Südostasien

Lebensraum
Lebt hauptsächlich in Wäldern, dringt aber manchmal auch in Plantagen vor

Größe
3,0–5,5 m

Ernährung
Reptilien und Kleinsäuger

Die in Asien weitverbreitete Königskobra, die eine Länge von über fünf Meter erreichen kann, ist die größte Giftschlange der Erde. Vor allem ausgewachsene Exemplare sind ausgesprochen beeindruckende Schlangen, denen sich freiwillig wohl nur wenige Menschen weiter nähern als unbedingt erforderlich. Besonders gilt das, wenn sich ein solches Tier beunruhigt fühlt und das erste Drittel des Körpers aufrichtet und den Nackenschild spreizt. Dann befindet sich der Kopf ausgewachsener Individuen oft nicht nur mehr als einen Meter über dem Boden, sondern die Tiere lassen zudem ein Furcht erregendes Zischen hören. Und da die normalerweise sehr versteckt lebende Königskobra außerdem noch größere Mengen eines starken Giftes besitzt, geht man ihr am besten aus dem Weg, auch wenn sie nicht als besonders angriffslustig gilt. Die Färbung der Tiere kann, abhängig vom jeweiligen Verbreitungsgebiet, etwas unterschiedlich sein. Normalerweise sind ausgewachsene Exemplare jedoch gelb-braun bis grau-grün gefärbt, es gibt aber auch dunkelbraune und fast schwarze Exemplare. Jungtiere haben dagegen zumeist eine dunkle Grundfärbung mit einer Zeichnung aus gelben Bändern und Winkeln.

Normalerweise leben Königskobras in dichten, feuchten Wäldern, sie kommen aber nicht selten auch in die Nähe menschlicher Siedlungen, um auf Feldern Ratten und andere Kleinsäuger zu jagen. Hauptsächlich fressen sie aber andere

Schlangen und manchmal auch Echsen. Zu den Schlangen, denen sie nachstellen, gehören auch die stark giftigen und im Verbreitungsgebiet der Kobras vergleichsweise häufigen Kettenvipern *(Daboia russelii)*, die immer wieder tödliche Unfälle verursachen. Daher sieht besonders die Landbevölkerung die großen Kobras nicht einmal ungern in ihrer Nähe. Beutetiere werden mit einem Giftbiss getötet, wobei das Gift aus bis zu einen Zentimeter langen Zähnen in das Opfer strömt.

Recht ungewöhnlich ist das Fortpflanzungsverhalten der Königskobra, denn das Weibchen baut zur Eiablage ein Nest aus Pflanzenmaterial, das dann von beiden Eltern bewacht wird. Während dieser Zeit sind die Tiere zumeist deutlich reizbarer und nervöser und greifen sehr viel schneller an als normal. Aus diesem Grund sperren die Behörden in den Heimatländern der Schlange manchmal sogar ganze Straßenabschnitte, wenn eine Königskobra dort ihren Nesthügel errichtet.

In einem solchen Haufen aus Laub und Zweigen können bis zu 50 Eier verborgen sein und zumeist liegt das Weibchen zusammengerollt oben auf dem Nesthügel. Aber auch das Männchen ist während dieser Zeit nie weit vom Nest entfernt, sodass sich ein Eindringling nicht selten ganz plötzlich zwei aufgeregten und angriffsbereiten großen Giftschlangen gegenübersieht.

Oft hilft dann nicht einmal mehr die Flucht, denn die erstaunlich flinken und wendigen Schlangen verfolgen den Eindringling manchmal noch ein Stück, um ihn sicher aus der Reichweite des Nestes zu vertreiben und packen sofort zu,

wenn sie ihn erwischen. Wird ein Mensch von einer Königskobra gebissen, muss möglichst schnell eine Behandlung erfolgen, weil der Tod bereits nach weniger als 15 Minuten eintreten kann, vor allem wenn Kinder betroffen sind. Zu Beginn kommt es in der Regel zu Schluckstörungen, Unwohlsein, Sehstörungen, Schwindelanfällen, Lähmungen und Atembeschwerden. Aber selbst Arbeitselefanten sind schon nach dem Biss einer Königskobra eingegangen. Allerdings geschieht das in der Regel nur, wenn die Schlange eine ungeschützte Stelle des Dickhäuters erwischt, etwa die Rüsselspitze.

In einigen Ländern wird die Königskobra auch heute noch in Tempeln gehalten und verehrt, denn die Überlieferung besagt, sie hätte Buddha mit ihrem aufgestellten Halsschild vor dem strömenden Regen geschützt, als dieser während eines Gewitters eine Erleuchtung hatte.

Kupferkopf

BIOLOGISCHER STECKBRIEF

Wissenschaftlicher Name
Agkistrodon contortrix

Familie
Vipern (Viperidae)

Heimat
Südosten der USA und nordöstliches Mexiko

Lebensraum
Kommt in den unterschiedlichsten Lebensräumen vor

Größe
70–130 cm

Ernährung
Kleinsäuger, Vögel, Reptilien und Amphibienn

Den hübschen, lebend gebärenden Kupferkopf erkennt man normalerweise an der hellen, häufig ockerfarbenen oder hellbraunen Grundfärbung mit den unterschiedlich breiten rotbraunen Querbinden. Es gibt allerdings mehrere Unterarten, die sich farblich oft beträchtlich unterscheiden. Nicht besonders festgelegt sind die Tiere aber auch bei der Wahl ihres Lebensraums, denn man findet sie in lichten Wäldern, auf feuchten Wiesen, an bewaldeten, felsigen Berghängen, auf Viehweiden und nicht selten auch in menschlichen Siedlungen. Glücklicherweise ist die Art aber nicht so giftig wie viele ihrer Verwandten. Daher sind Todesfälle durch die nachtaktiven Grubenottern auch eher selten. Tagsüber verstecken sich die Tiere häufig im Laub, sodass man leicht auf sie tritt. Daher sollte man an Orten, an denen sie heimisch sind, stets festes Schuhwerk tragen.

Wassermokassinschlange

BIOLOGISCHER STECKBRIEF

Wissenschaftlicher Name
Agkistrodon piscivorus

Familie
Vipern (Viperidae)

Heimat
Südosten der USA

Lebensraum
Lebt in Sümpfen, ruhigen Flüssen und Altarmen

Größe
1,5–1,8 m

Ernährung
Kleinsäuger, Vögel, Reptilien und Amphibien

Diese sehr große, in den USA weitverbreitete Grubenotter findet man stets in der Nähe von Gewässern, wobei Teiche, Tümpel, Sümpfe oder Altarme von Flüssen bevorzugt werden. Nicht selten dringen die Tiere aber auch in Reisfelder vor, sodass Bissunfälle, die unter ungünstigen Umständen tödlich verlaufen können, vergleichsweise häufig sind. Allerdings drohen die Schlangen vor einem Angriff normalerweise mit weit aufgerissenem Maul, sodass das auffällig weiße Innere sichtbar wird. Daher wird die Art in ihrer Heimat auch „Cottonmouth", also Baumwollmaul, genannt.

Bei der Auswahl ihrer Beute sind Wassermokassinschlangen wenig wählerisch. So fressen sie Fische, andere Schlangen, Echsen, Frösche und Kleinsäuger aber auch kleine Schildkröten und junge Alligatoren. Die bis zu 16 Jungen kommen lebend auf die Welt.

Gewöhnliche Puffotter

BIOLOGISCHER STECKBRIEF

Wissenschaftlicher Name
Bitis arietans

Familie
Vipern (Viperidae)

Heimat
Afrika und Jemen

Lebensraum
In unterschiedlichsten Lebensräumen, ausgenommen Wüsten und Gebirge

Größe
90–180 cm

Ernährung
Kleinsäuger, Reptilien und Amphibien

Diese Giftschlange ist für besonders viele Bissunfälle verantwortlich, was vor allem mit ihrer weiten Verbreitung und ihrer Anpassungsfähigkeit an die unterschiedlichsten Lebensräume zu tun hat. Es handelt sich um kompakte, kräftige, zumeist grau, gelb oder braun gefärbte Tiere mit einem dunklen, hell gesäumten Winkelmuster auf dem Rücken, sodass sie in vielen Biotopen ausgezeichnet getarnt sind.

Puffottern sind zwar nicht besonders aggressiv, sie beißen allerdings oft blitzschnell zu, wenn man auf sie tritt oder sie in die Enge treibt. Und da sie größere Mengen eines Giftes besitzen, das die Blutzellen schädigt, muss nach einem Biss sofort ärztliche Hilfe in Anspruch genommen werden. Doch selbst dann kommt es an der Bissstelle häufig noch zu so starken Gewebsschädigungen, dass Hautverpflanzungen notwendig sind.

Die Gewöhnliche Puffotter ernährt sich hauptsächlich von Kleinsäugern, Vögeln, Echsen und Fröschen, sie frisst aber auch Insekten und manchmal Fische. Auf die Jagd gehen die Tiere nachts, während sie sich tagsüber häufig in Felsspalten oder Erdlöchern verkriechen oder gut getarnt im Schatten liegen.

Die Paarung findet zwischen Oktober und November statt. Zuvor kommt es zwischen rivalisierenden Männchen manchmal zu Kämpfen um ein Weibchen, die bis zu einer halben Stunde andauern können und in aller Regel unblutig verlaufen. Die Weibchen bringen dann im März oder April lebende Jungen zur Welt. Im Durchschnitt liegt die Zahl zwischen 30 und 40; man hat aber bei einem Wurf auch schon einmal über 150 Jungtiere gezählt.

Gabunviper

BIOLOGISCHER STECKBRIEF

Wissenschaftlicher Name
Bitis gabonica

Familie
Vipern (Viperidae)

Heimat
Tropisches Afrika

Lebensraum
Lebt hauptsächlich in Wäldern

Größe
1,2–2,0 m

Ernährung
Kleinsäuger

Diese kräftige Giftschlange kann eine Länge von etwa zwei Meter erreichen und dann bis zu fünf Zentimeter lange Giftzähne in ihrem Maul haben. Damit ist sie zwar in der Lage, das Gift tief in ihre Opfer zu injizieren, aber weil die Tiere scheu sind und als wenig aggressiv gelten, gibt es dennoch nur wenige Berichte über Bissunfälle mit Menschen.

Ihrer Beute, die vor allem aus Kleinsäugern und Vögeln, aber manchmal auch aus jungen Antilopen und Stachelschweinen besteht, lauern die großen, bis zehn Kilogramm schweren Tiere am Boden auf. Dabei kommt ihnen zugute, dass sie mit ihrer braunen, grauen und purpurfarbenen, geometrischen Zeichnung und dem großen, blattförmigen Kopf zwischen welkem Laub von den potenziellen Opfern kaum zu erkennen sind. Dies ist aber zumeist auch das Problem bei Unfällen mit Menschen, denn wegen ihrer guten Tarnung, die durch das Spiel von Licht und Schatten am Waldboden noch verstärkt wird, kann man den Tieren versehentlich leicht viel zu nahe kommen und so einen Angriff provozieren. Problematisch ist dabei, dass das Gift der Gabunviper sowohl Bestandteile enthält, die das Nervensystem schädigen, als auch Substanzen, von denen die Blutzellen zerstört werden, was eine Behandlung erschwert. Eine ganz ähnliche Art ist die in der gleichen Region vorkommende Nashornviper (*Bitis nasicornis*, siehe Abbildung rechts), deren Zeichnung aber häufig auch noch blaue, orangefarbene oder grünliche Schattierungen aufweist. Typisch sind bei ihnen außerdem die langen hornartigen Auswüchse an der Schnauze, der die Tiere auch ihren umgangssprachlichen Namen verdanken. Nashornvipern, die sich vorzugsweise in der Nähe von Gewässern aufhalten, können ausgezeichnet schwimmen, aber auch gut klettern.

Greifschwanz-Lanzenotter

Diese nachtaktive, überwiegend in Bäumen lebende Giftschlange ist oft leuchtend gelb bis gelbbraun gefärbt, es gibt aber auch graue oder grünliche Varianten. Typisch sind in allen Fällen die kleinen Schuppenhörnchen über den Augen, die ein wenig wie Wimpern aussehen und der Greifschwanz, mit dem sich die Tiere an Ästen festhalten. Zur häufigsten Beute der Schlangen gehören Baumfrösche und Vögel, sie fressen aber auch Kleinsäuger und Echsen. Diesen lauern sie im Geäst auf. War die Jagd erfolgreich und ist das Opfer durch das Gift der Greifschwanz-Lanzenotter verendet, verschlingen sie es zumeist von einem Ast herabhängend.

BIOLOGISCHER STECKBRIEF

Wissenschaftlicher Name
Bothriechis schlegelii

Familie
Vipern (Viperidae)

Heimat
Kommt in Mittelamerika und im nordwestlichen Südamerika vor

Lebensraum
Lebt ausschließlich in Regenwäldern

Größe
50–80 cm

Ernährung
Amphibien, Reptilien, Vögel und Kleinsäuger

Das Gift der Tiere ist auch für Menschen sehr gefährlich und es gibt mehrere Berichte über tödliche Bissunfälle. Problematisch bei der Behandlung ist, dass das Gift der Greifschwanz-Lanzenotter ganz unterschiedliche Bestandteile enthält, die einerseits eine nervenschädigende Wirkung haben, aber auch das Blut und das Köpergewebe zerstören. Die Viper ist lebend gebärend und kann bis zu 25 Jungen werfen.

Hornviper

BIOLOGISCHER STECKBRIEF

Wissenschaftlicher Name
Cerastes cerastes

Familie
Vipern (Viperidae)

Heimat
Syrien bis Iran und ganz Nordafrika

Lebensraum
Sandwüsten

Größe
60–85 cm

Ernährung
Vor allem Echsen, aber auch Kleinsäuger und Vögel

Diese Wüstenschlange hat eine grau-braune Tarnfärbung mit einer dunkleren Fleckenzeichnung auf dem Rücken. Außerdem ist über jedem Auge eine Art Hörnchen zu erkennen, das aus einer einzelnen, langen Schuppe besteht und dessen Funktion nicht genau bekannt ist. Es gibt eine Theorie nach der sie möglicherweise dazu dienen, die Augen zu beschatten und so vor der grellen Sonne zu schützen. Allerdings findet man auch immer wieder Exemplare, denen dieses typische Merkmal fehlt.

Hornvipern sind recht träge Giftschlangen, die die meiste Zeit ihres Lebens im Sand vergraben verbringen. Dort sind sie tagsüber nicht nur einigermaßen vor der großen Wüstenhitze geschützt und in den Nächten vor der einsetzenden Kühle, sondern außerdem ganz ausgezeichnet getarnt, sodass ihre Feinde, aber auch Beutetiere, sie nur schlecht entdecken können. Zur bevorzugten Beute der Schlangen gehören Echsen wie Skinke oder Fransenfinger, sie fressen aber auch Kleinsäuger oder Vögel. Zur Fortbewegung auf dem losen Sand nutzen sie die Technik des Seitenwindens, und bei einer Bedrohung reiben die Tiere ihre auffällig groben Schuppen aneinander. Dadurch entsteht ein unverkennbares schabendes Geräusch, das Feinde warnen und abschrecken soll. Zeigt das keine Wirkung, graben sie sich oft blitzschnell in den lockeren

Sand ein. Ungewöhnlich ist, dass diese Vipern, anders als die meisten ihrer Verwandten, keine lebenden Jungen zur Welt bringen, sondern Eier legen.

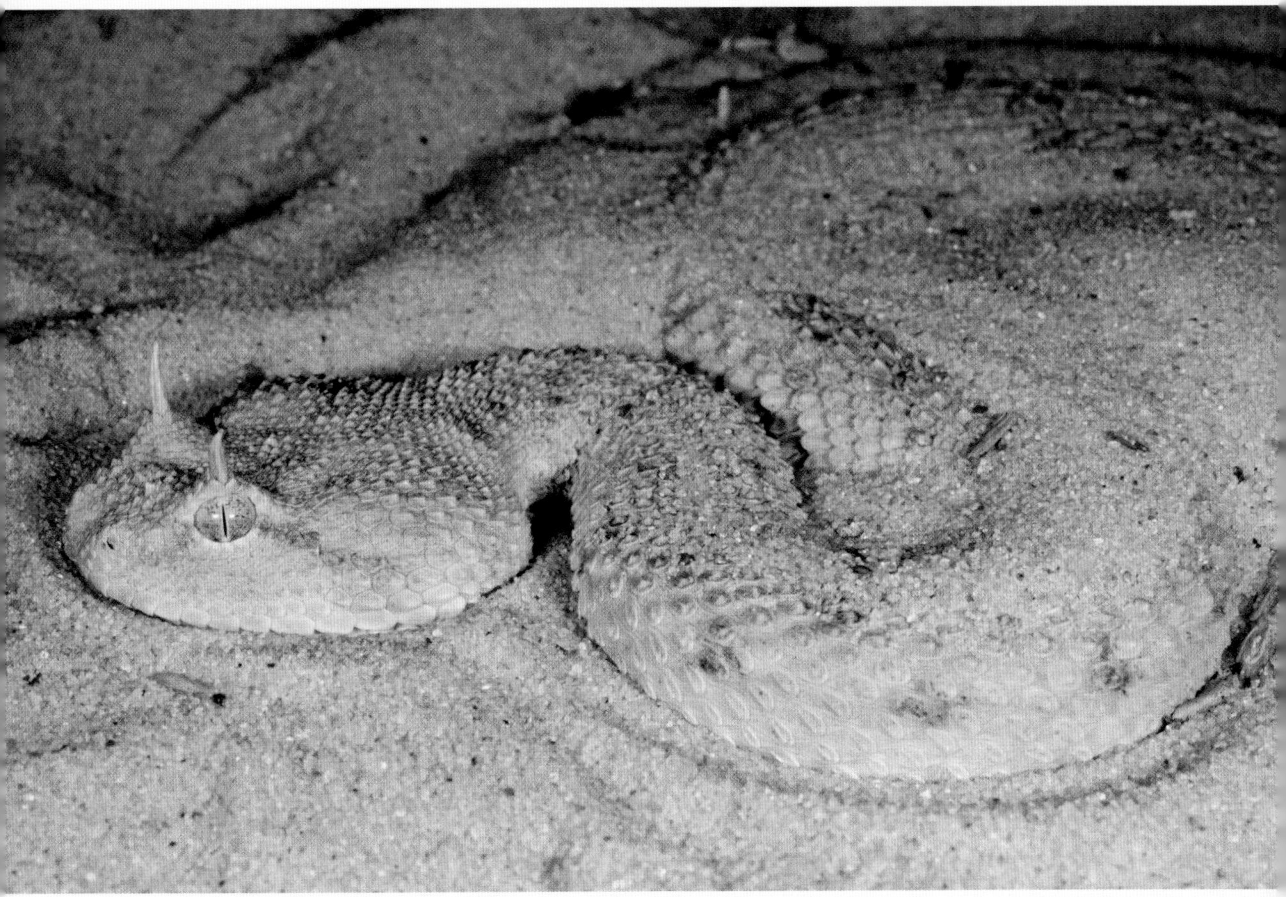

Texas-Klapperschlange

BIOLOGISCHER STECKBRIEF

Wissenschaftlicher Name
Crotalus atrox

Familie
Vipern (Viperidae)

Heimat
Kommt im Süden der USA und im Norden Mexikos vor

Lebensraum
Bevorzugt Wüsten, Buschland und trockene Wälder

Größe
1–2 m

Ernährung
Kleinsäuger, Vögel und Reptilien

Diese bis zwei Meter große, wehrhafte Giftschlange kann ein wahrhaft beängstigender Anblick sein, wenn sie den Vorderkörper s-förmig aufrichtet, die lange Zunge prüfend rotierend lässt und bei jeder Bewegung des möglichen Angreifers ein lautes Klappern hören lässt. Daher machen nicht nur Menschen, sondern auch Tiere in der Regel einen großen Bogen um die Texas-Klapperschlange. Und die Vorsicht ist auch angebracht, denn die Texas-Klapperschlange besitzt größere Mengen eines sehr starken Giftes, das auch Menschen töten kann.
Typisch für die Art sind das dunkle Diamantmuster auf dem Rücken und der schwarz-weiß geringelte Schwanz. In einigen Regionen kommen die Tiere auch in der Nähe menschlicher Siedlungen vor, sodass die meisten Bissunfälle in den USA durch diese Schlangen verursacht werden. Auf Feldern wird die Texas-Klapperschlange von Farmern im Süden der USA allerdings zumeist ganz gern gesehen, denn die nachtaktiven Tiere sind ausgezeichnete Mäusejäger. Sie fressen aber auch Vögel und Echsen, die durch einen Giftbiss getötet werden.
Viele Bissunfälle sind außerdem auf den Leichtsinn der betroffenen Personen zurückzuführen, denn die Klapperschlange versucht, selbst wenn sie in die Enge getrieben wurde, den vermeintlichen Angreifer zunächst immer wieder durch

ihr lautes Rasseln zu warnen. Dies geschieht mithilfe der Klapper oder Rassel, der die Tiere auch ihren Namen verdanken und die aus einer unterschiedlichen Anzahl trockener Hornglieder besteht, von denen jeweils ein Weiteres bei den einzelnen Häutungen zurückbleibt. Deshalb haben alte Klapperschlangen auch besonders eindrucksvolle Rasseln, während sie den gerade geborenen Jungtieren noch völlig fehlt.

Seitenwinder-Klapperschlange

BIOLOGISCHER STECKBRIEF

Wissenschaftlicher Name
Crotalus cerastes

Familie
Vipern (Viperidae)

Heimat
Südwesten der USA und Nordwestmexiko

Lebensraum
Die Art kommt vor allem in Sandwüsten vor

Größe
60–80 cm

Ernährung
Hauptsächlich Kleinsäuger, Vögel und Reptilien

Diese schlanke Schlange fällt besonders durch ihre ungewöhnliche Form der Fortbewegung auf, denn sie gehört zu den Seitenwindern. Bevorzugt wird diese Art der Bewegung vor allem von Schlangen, die in Wüsten leben, also in Lebensräumen mit lockerem Sandboden. Damit die Tiere auf diesem Untergrund überhaupt den nötigen Vortrieb erhalten, bilden sie Körperschlingen, von denen sie die vordere und hintere abwechselnd anheben und absetzen, sodass sich der Körper seitwärts nach vorn bewegt. Dadurch berührt die Schlange den Boden immer nur an zwei identischen Stellen, und weil der Druck zudem nach unten ausgeübt wird, unterbleibt ein Verrutschen des lockeren Sandes. Zurück bleiben dabei ganz typische Spuren, die man auf den ersten Blick kaum mit einer Schlange in Verbindung bringen würde.

Charakteristisch für Seitenwinder-Klapperschlangen sind außerdem die Augenbrauenschilder, der pastellfarbene Körper, der gelb, rosa, braun oder grau überlaufen sein kann und zumeist ein Muster aus Streifen und hellen Flecken zeigt sowie die dunklen Schwanzringe. Auf Beutejagd begeben sich die Giftschlangen erst mit Einbruch der Dunkelheit, während sie sich in der Hitze des Tages gern an einer möglichst schattigen Stelle im Sand vergraben. Das Gift gilt für Menschen als nicht lebensgefährlich, aber jeder Biss muss dennoch medizinisch versorgt werden. Vor einem Angriff warnen auch diese Schlangen zunächst durch Geräusche mit ihrer Schwanzrassel.

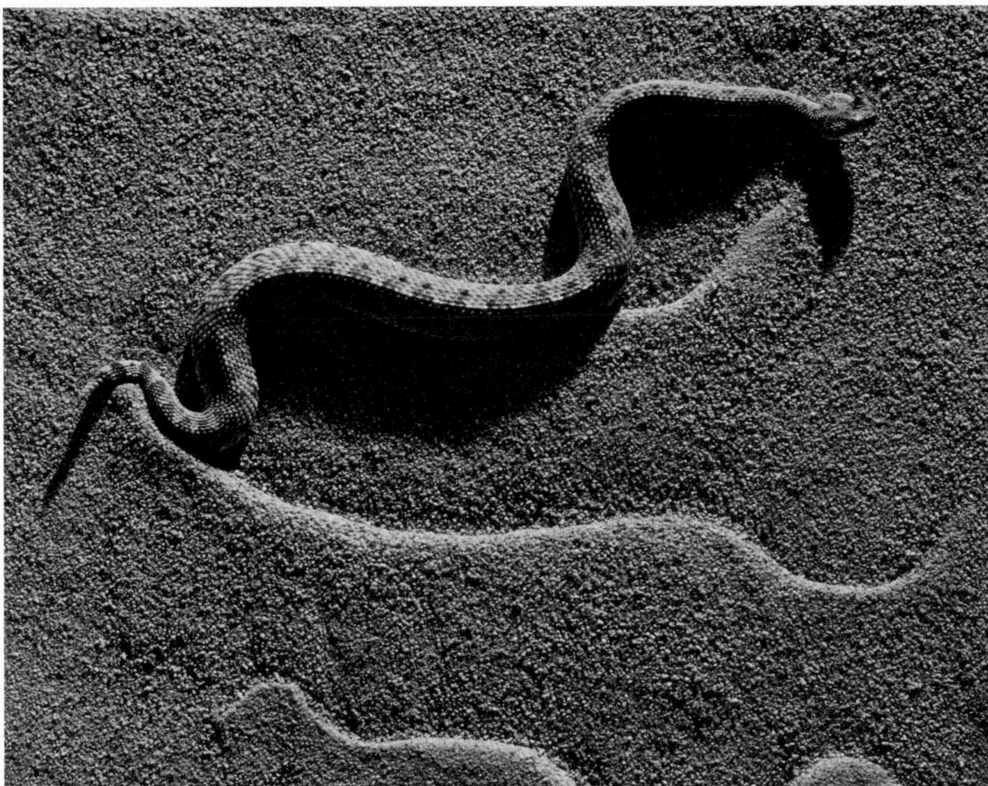

Schauer-Klapperschlange

BIOLOGISCHER STECKBRIEF

Wissenschaftlicher Name
Crotalus durissus

Familie
Vipern (Viperidae)

Heimat
Nordostmexiko bis Nordargentinien

Lebensraum
Kommt überwiegend in Gras- und Baumsavannen vor

Größe
1,0–1,8 m

Ernährung
Kleinsäuger, Vögel und Reptilien

Diese Art, die auch Tropische Klapperschlange oder Cascaval genannt wird, hat das größte Verbreitungsgebiet aller Klapperschlangen. Daher gibt es, wie bei vielen weitverbreiteten Arten, auch etwas unterschiedlich gefärbte Populationen. Typisch ist aber zumeist ein dunkler Doppelstreifen, der vom Hinterkopf über den Rücken verläuft. Genau wie ihre Verwandten, besitzt auch diese Art ein gefährliches Gift, sodass Bissunfälle fast unweigerlich zum Tode führen, wenn nicht sehr schnell eine Behandlung erfolgt. Daher soll sie vor allem in Südamerika auch für mehr tödliche Unfälle verantwortlich sein, als jede andere Schlange dieser Region. Einer der Gründe dafür sind die ganz unterschiedlichen Bestandteile des Giftes, die sowohl die Blutzellen als auch das Nervensystem schädigen. Heute gibt es allerdings ein sehr wirksames Serum, sodass die Zahl der Todesfälle deutlich zurückgegangen ist.

Schauer-Klapperschlangen leben vor allem in offenen Savannen, kommen aber auch in lichten Wäldern vor und tauchen außerdem immer wieder einmal in Plantagen auf, wo sie leicht zu einer Gefahr für die dort arbeitenden Menschen werden. Außerdem findet man sie manchmal in landwirtschaftlichen Gebäuden, wo sie Ratten und Mäuse jagen. Fühlen sich die wehrhaften

Schlangen bedroht, richten große Exemplare ihren Vorderkörper manchmal bis zu einen Meter hoch auf und warnen. Ihre Warngeräusche sind für Klapperschlangen etwas ungewöhnlich, denn es handelt sich nicht um das typische Rasseln, sondern eher um ein surrendes Geräusch.

Weißlippen-Bambusotter

BIOLOGISCHER STECKBRIEF

Wissenschaftlicher Name
Cryptelytrops albolabris

Familie
Vipern (Viperidae)

Heimat
Süd- und Südostasien

Lebensraum
In offenen Tieflandbiotopen und Bergwäldern

Größe
60–100 cm

Ernährung
Kleinsäuger, Vögel, Echsen und Amphibien

Die schlanke Weißlippen-Bambusotter hält sich vorzugsweise auf Bäumen oder in Sträuchern auf, wo sie allerdings oft kaum zu erkennen ist. Der Grund dafür ist ihre Färbung mit der grünen Oberseite und dem etwas helleren Bauch, die dafür sorgt, dass die Schlange perfekt mit ihrer Umgebung verschmilzt. Typisch sind außerdem der zumeist rötlich gefärbte Greifschwanz und der dreieckig geformte Kopf. Die weißen Lippen, die die Tiere aufgrund ihres Namens eigentlich besitzen sollten, sucht man allerdings vergebens, denn es gibt sie nicht. In vielen Büchern ist die Art oft noch unter ihrem alten Namen *Trimeresurus albolabris* zu finden. In ihrem Verbreitungsgebiet wird häufig von Bissunfällen mit dieser Schlange berichtet, die sofort behandelt werden müssen. Die stark giftigen Schlangen lauern ihrer Beute, die hauptsächlich aus Fröschen, Echsen und kleinen Vögeln oder Säugetieren besteht, vor allem in der Dunkelheit auf. Dazu hängen sie oft stundenlang nahezu bewegungslos von einem Ast herab, bis ein Opfer so nahe kommt, dass sie es sehen oder mit ihren Wärmesinnesorganen genau lokalisieren können. Ist das der Fall, schnellt der dreieckige Kopf blitzschnell vor und der Giftbiss erfolgt. Danach werden die Tiere festgehalten, bis sie verendet sind, und dann heruntergeschlungen.

Waglers Lanzenotter

BIOLOGISCHER STECKBRIEF

Wissenschaftlicher Name
Tropidolaemus wagleri

Familie
Vipern (Viperidae)

Heimat
Vor allem in Thailand, Indonesien, Malaysia und auf den Philippinen

Lebensraum
Vorzugsweise in Tieflandwäldern und Sümpfen

Größe
80–130 cm

Ernährung
Kleinsäuger, Vögel, Echsen und Amphibien

Bei dieser sehr variablen Art, die auch Tempelotter oder Waglers Bambusotter genannt wird, sehen weibliche und männliche Tiere häufig unterschiedlich aus. So haben viele ausgewachsene Weibchen eine grüne, türkisfarbene oder schwarze Grundfärbung mit gelben oder hellgrünen Streifen und schwarzen Punkten, während Jungtiere und ältere Männchen häufig mehr oder weniger einheitlich hellgrün gefärbt sind.

Die großen, grazilen Schlangen halten sich gern in der Nähe von Gewässern auf, wo sie in Sträuchern oder Bäumen oft stundenlang bewegungslos auf Beute lauern. Häufig findet man die Tiere auch in der Nähe von Reisfeldern, aber da die Tiere tagsüber recht träge sind, kommt es vergleichsweise selten zu Unfällen.

In Malaysia wird die Art im berühmten Schlangentempel von Penang verehrt. Dieser wurde 1850 zu Ehren des buddhistischen Mönches Chor Soo Kong errichtet, der große Heilkräfte besessen haben soll. In dem Tempel kriechen die Giftschlangen ohne weitere Sicherheitsvorkehrungen auf den Altären und an anderen Stellen umher, sodass ein Besuch dieser berühmten Sehenswürdigkeit sicher nicht jedermanns Sache ist. Angeblich sind die Schlangen dort aber durch die ständig brennenden Räucherstäbchen sehr träge, sodass sie normalerweise nicht aggressiv reagieren.

Kreuzotter

BIOLOGISCHER STECKBRIEF

Wissenschaftlicher Name
Vipera berus

Familie
Vipern (Viperidae)

Heimat
Von den Britischen Inseln und Skandinavien bis zur Insel Sachalin

Lebensraum
Auf Heiden, an Bahndämmen sowie in Sümpfen, lichten Wäldern und auf Wiesen

Größe
65–90 cm

Ernährung
Kleinsäuger, Reptilien und Amphibien

Die in Europa weitverbreitete Kreuzotter gehört zu den wenigen Giftschlangen, die auch in kühleren Klimazonen vorkommen. Daher findet man sie manchmal sogar nördlich des Polarkreises. Männchen und Weibchen sehen etwas unterschiedlich aus. So haben Letztere normalerweise eine braune Färbung und ein dunkelbraunes Zickzackband, während männliche Tiere hellgrau sind und ein schwarzes Zickzackband aufweisen. Es gibt aber auch Exemplare, die völlig schwarz sind und daher „Höllenottern" genannt werden oder überwiegend rotbraun („Kupferottern"). Beide Farbvarianten galten früher als besonders giftig, was aber Unsinn ist.

Typisch für Kreuzottern sind außerdem die weißen Lippenschilder und eine v-förmige bis kreuzartige Zeichnung auf Kopf und Nacken, der die Art möglicherweise auch ihren umgangssprachlichen Namen verdankt. Es kann aber auch sein, dass der Name auf abergläubische Vorstellungen zurückgeht, denn wie sich aus der Bezeichnung Höllenotter bereits erahnen lässt, waren die Schlangen unseren Vorfahren nie so ganz geheuer. So sagte man ihnen nach, sie würden ihre Jungen fressen und man glaubte, sie könnten ihren Körper bei Gefahr zu einem Rad formen und dann schnell fortrollen. Außerdem wurden die Schlangen in einigen Gegenden ihres Verbreitungsgebiets zu Arzneimitteln verarbeitet oder an Haustiere verfüttert, weil es hieß, diese würden dann schneller wachsen.

Natürlich stimmt keines dieser Gerüchte, und auch mit der Gefährlichkeit der Kreuzotter ist es nicht so weit her, wie oft angenommen. Um lebensbedrohliche Symptome bei Menschen hervorzurufen, muss es den Tieren zunächst einmal gelingen, den Inhalt beider Giftdrüsen in den Körper zu injizieren. Aber auch dann hängt die Auswirkung noch davon ab, wann die Schlange ihre Giftzähne letztmalig zum Beutefang eingesetzt hat. Nur wenn das schon längere Zeit her ist, besitzen die Schlangen überhaupt ausreichend Gift, um Menschen zu gefährden.

Daher sind durch Kreuzottern verursachte tödliche Bissunfälle auch eher selten. So wurde zum Beispiel in Deutschland nach 1959 erst 2004 wieder ein Fall gemeldet, und auch in der Schweiz ereignete sich der letzte tödliche Unfall

bereits 1960. Häufig waren bei solchen Unglücken Kinder oder geschwächte Personen betroffen; bei dem erwähnten Fall aus dem Jahr 2004 handelte es sich beispielsweise um eine 81-jährige Frau.
Aber auch wenn es bei einem Bissunfall nicht zum Schlimmsten kommt, kann Kreuzottergift dennoch unangenehme Symptome verursachen, etwa Übelkeit, Erbrechen und Durchfall. Vereinzelt kommt es außerdem zu Bewusstseinsstörungen oder Bewusstlosigkeit und auch Schockwirkungen sind möglich. Daher muss nach einem Biss dieser Schlange unbedingt ein Arzt aufgesucht werden.
Die bevorzugten Lebensräume der Kreuzotter sind Moore, Heiden und lichte Wälder, wo man sie tagsüber auf der Jagd nach Mäusen und Spitzmäusen, Eidechsen und Fröschen beobachten kann. Während der kalten Jahreszeit legen sie eine Winterruhe ein, für die sie sich beispielsweise in eine Felsspalte oder einen unterirdischen Nagerbau zurückzieht. Diese Ruhephase kann in einigen Regionen bis zu acht Monate dauern.
Außerhalb der Paarungszeit sind Kreuzottern typische Einzelgänger, aber nach der Winterruhe machen sich die männlichen Tiere dann sehr bald auf die Suche nach einem Weibchen. Oft sind diese von mehreren Männchen umlagert, sodass es zu Kämpfen kommt, die aber unblutig verlaufen. Ziel ist es, den Gegner auf den Boden zu drücken, der sich in einem solchen Fall zumeist sofort zurückzieht. Schließlich bleibt nur das stärkste Männchen übrig, mit dem sich das Weibchen paart. Die bis zu 20, lebend geborenen Jungen kommen normalerweise im Spätsommer auf die Welt; in nördlicheren Regionen überwintern allerdings

die trächtigen Weibchen, sodass die Jungtiere dann erst im nächsten Frühjahr geboren werden.

Zu den Feinden der Kreuzotter gehören Greifvögel wie der Mäusebussard, aber auch Fuchs, Wiesel, Dachs, Störche, Reiher, Kraniche und sogar Hauskatzen. Für viele vielleicht überraschend ist die Tatsache, dass auch Igel häufig Kreuzottern erbeuten. Diese sind zwar gegen das Gift der Schlange nicht immun, wie häufig zu hören ist, aber durch ihre Stacheln so gut geschützt, dass die Otter ihren Biss nur sehr schwer anbringen kann.

Eine nahe Verwandte der Kreuzotter ist die Aspisviper (*Vipera aspis*, siehe Abbildung rechts), deren Hauptverbreitungsgebiet in Südeuropa liegt. Vereinzelt kommt sie aber auch bis hinauf in die Schweiz und in den südlichen Schwarzwald vor. Ganz ähnlich sieht außerdem die Stülpnasenotter (*Vipera latastei*, siehe Abbildung oben) aus, die man vor allem in Spanien, Portugal und Marokko findet.

Echsen

Die Echsen gelten zwar nicht als natürliche biologische Gruppe, sie werden aber dennoch gemeinsam in der Ordnung Squamata (Schuppenkriechtiere) und dort in der Unterordnung Lacertilia zusammengefasst. Es gibt mehr als 3400 Arten, die sich in Aussehen und Verhalten oft ganz erheblich unterscheiden.
Die meisten Echsen haben allerdings vier gut entwickelte Beine, einen vergleichsweise langen Schwanz, bewegliche Augenlider und äußerlich sichtbare Ohröffnungen. Es gibt aber auch Arten, bei denen die Beine stark verkümmert sind oder gar fehlen, etwa bei der auch in Mitteleuropa heimischen Blindschleiche *(Anguis fragilis)*, oder die ein starres unteres Augenlid besitzen und deren äußeren Gehörorgane nicht sichtbar sind.
Die Zunge der Echsen kann schlangenartig gespalten sein wie bei den Waranen oder aufrollbar und klebrig wie bei den Chamäleons. Zahlreiche Echsen können bei einem Angriff ihren Schwanz abwerfen, der dann zumeist wieder nachwächst, wenn auch nicht in der ursprünglichen Länge. Die meisten Echsen sind ungiftig, es gibt jedoch Ausnahmen wie die Krustenechsen, die ein auch für Menschen tödlich wirkendes Gift besitzen.

Tokee

BIOLOGISCHER STECKBRIEF

Wissenschaftlicher Name
Gekko gecko

Familie
Geckos (Gekkonidae)

Heimat
Südostasien

Lebensraum
Regenwälder

Größe
18–35 cm

Ernährung
Hauptsächlich Insekten

Der Tokee oder Tokeh ist der größte unter den asiatischen Geckos. Besonders typisch sind die Rufe dieser Echsen, ein sich wiederholendes „To-kee", mit dem die Männchen versuchen ein Weibchen anzulocken. Es handelt sich um eine sehr häufige Art, deren Körper eine blaugraue Färbung aufweist und eine auffällige Zeichnung aus orangefarbenen und hellblauen Flecken besitzt. Typisch sind aber auch die großen,

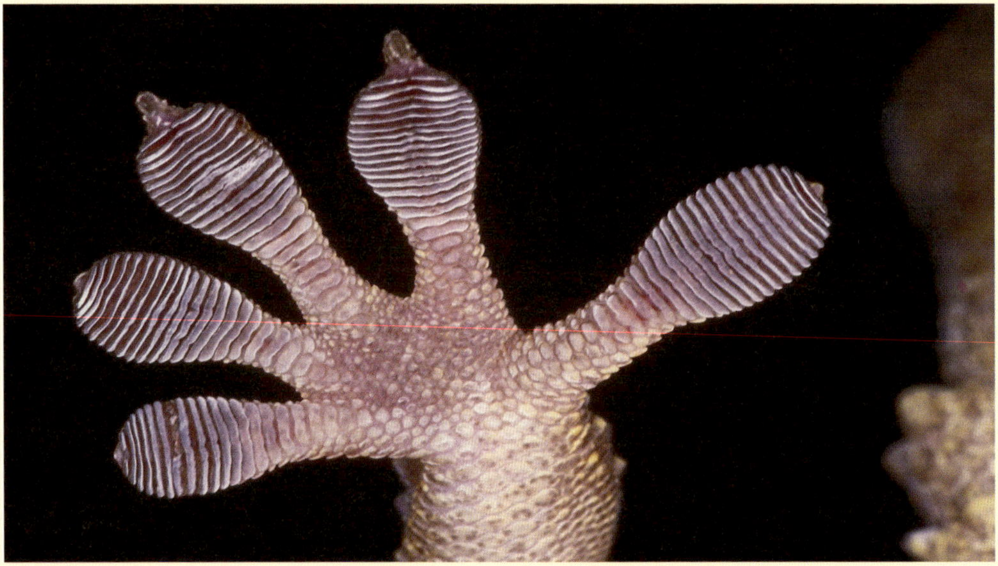

ebenfalls orangefarbenen Augen, und die Tiere haben, wie die meisten Geckos, Haftlamellen an den Füßen, mit deren Hilfe sie selbst senkrechte Wände hochklettern können.

Eigentlich sind die Tokees in Regenwäldern heimisch. Als Kulturfolger findet man sie inzwischen aber ebenso häufig in der Nähe menschlicher Siedlungen, wobei sie selbst in Großstädten regelmäßig vorkommen. Und weil sie in weiten Teilen ihres Verbreitungsgebiets als Glücksbringer gelten, lässt man sie normalerweise unbehelligt, wobei sicher auch eine Rolle spielt, dass die Geckos gute Insekten- und Spinnenvertilger sind und oft sogar nestjunge Mäuse fressen. Ergreift man sie, können sie allerdings sehr schmerzhaft zubeißen. Erwischt man den Schwanz, werfen sie diesen oft ab, um anschließend sofort davonzulaufen. Später wächst der Schwanz dann wieder nach.

Meerechse

BIOLOGISCHER STECKBRIEF

Wissenschaftlicher Name
Amblyrhynchus cristatus

Familie
Leguane (Iguanidae)

Heimat
Galapagosinseln

Lebensraum
Felsküsten

Größe
100–170 cm

Ernährung
Algen

Die zu den Leguanen gehörende Art ist die einzige Echse, die ihre Nahrung im Meer sucht. Dazu tauchen die Tiere mithilfe ihres kräftigen, abgeplatteten Ruderschwanzes bis zu 15 Meter ins Wasser hinab, wo sie dann Algen vom felsigen Meeresgrund abweiden. Normalerweise haben die stattlichen Reptilien eine graugrüne Färbung, aber wenn sie von ihren Tauchgängen zurückkommen, bei denen sie sich bis zu 30 Minuten im kalten Meer aufhalten, sehen sie fast völlig schwarz aus. Dies hat den Vorteil, dass die unterkühlten wechselwarmen Tiere anschließend sehr schnell von der Sonne wieder aufgewärmt werden.

Meerechsen kommen ausschließlich auf den Galapagosinseln vor, einer Inselgruppe vulkanischen Ursprungs, die etwa 1000 Kilometer vor der Küste Ecuadors im Pazifischen Ozean liegt, und auf denen sich wegen ihrer isolierten Lage eine ganz besondere Tier- und Pflanzenwelt entwickelt hat. Der Körperbau der stattlichen Tiere entspricht dem anderer Leguane, aber da sie bei der Nahrungssuche größere Mengen Salzwasser aufnehmen, besitzen sie spezielle Drüsen an den Nasenlöchern, mit deren Hilfe sie das überschüssige Salz wieder ausscheiden.

Oft geschieht das in Form eines weißen Sprühnebels, sodass es aus der Ferne aussieht, als würde es sich um kleine, wutschnaubende Drachen handeln.

Nashornleguan

BIOLOGISCHER STECKBRIEF

Wissenschaftlicher Name
Cyclura cornuta

Familie
Leguane (Iguanidae)

Heimat
Haiti, Dominikanische Republik (Hispaniola)

Lebensraum
Bewohnt hauptsächlich trockene Felsbiotope und Dornbuschsteppen

Größe
100–120 cm

Ernährung
Pflanzen und Insekten

Diese große, kräftig gebaute Echse verdankt ihren Namen kleinen Hornhöckern auf der Stirn. Besonders gut ausgebildet sind sie bei älteren Männchen, die außerdem oft stark entwickelte Fettwülste am Hinterkopf und einen auffälligen Kehllappen besitzen. Die Färbung ausgewachsener Exemplare ist einheitlich grau; Jungtiere haben manchmal undeutliche Querstreifen. Männliche Nashornleguane verteidigen ein Revier, aus dem Rivalen mit heftigen Kopfnicken und einer seitlichen Drohstellung vertrieben werden.

Zur Nahrung der Tiere gehören neben Insekten vor allem Pflanzen, darunter Kakteen und Wolfsmilchgewächse. Letztere enthalten zwar einen giftigen Milchsaft, an den die Echsen sich aber angepasst haben, sodass er ihnen nicht schadet. Nashornleguane sind tagaktiv, aber sehr scheu. Daher bekommt man sie trotz ihrer Größe nur sehr selten einmal zu sehen. Werden sie in die Enge getrieben, schlagen sie zumeist mit dem langen Schwanz nach dem Angreifer, sie können aber auch kräftig zubeißen und so schmerzhafte Wunden verursachen.

Nashornleguane legen 5–20 Eier, aus denen nach zwei bis drei Monaten etwa 30 Zentimeter große Jungtiere schlüpfen. Trotz dieser nicht einmal kleinen Anzahl an Nachkommen gilt die Art in ihrem Bestand als extrem gefährdet. Gründe dafür sind vor allem die immer weiter fortschreitende Zerstörung des

Lebensraums dieser beeindruckenden Echsen, aber auch der Umstand, dass die Tiere gejagt und gegessen werden.

Grüner Leguan

BIOLOGISCHER STECKBRIEF

Wissenschaftlicher Name
Iguana iguana

Familie
Leguane (Iguanidae)

Heimat
Mexiko bis Südamerika

Lebensraum
Bevorzugt Biotope in der Nähe von Gewässern, etwa bewaldete Flussufer

Größe
1,5–2,0 m

Ernährung
Pflanzen und Insekten

Jüngere Exemplare dieser großen Art haben eine hellgrüne Färbung mit einer oft blauen Zeichnung, die mit zunehmendem Alter aber immer mehr verblasst. Dafür bekommen dominante Männchen oft leicht orangefarbene Vorderbeine und einen hellen Kopf.
Grüne Leguane klettern gern in Bäumen herum, aber sie können auch ausgezeichnet schwimmen, wobei der Schwanz für den notwendigen Vortrieb sorgt. Ausgewachsene Exemplare fressen hauptsächlich Pflanzen, während Jungtiere auch Insekten jagen. Die Männchen verteidigen ein Revier, in dem sie keine Rivalen dulden. Dringt doch einmal ein anderes Männchen ein, versuchen sie es sofort zu vertreiben, indem sie sich mithilfe des Schwanzes möglichst hoch aufrichten und dabei heftig mit dem Kopf nicken und den großen Kehlsack schwenken. Reicht das nicht aus, benutzen sie ihren langen Schwanz als Peitsche, sie können aber auch schmerzhaft zubeißen. Die Weibchen legen 20–40 Eier, aus denen nach zwei bis drei Monaten etwa 20 Zentimeter lange Jungtiere schlüpfen.

Kragenechse

BIOLOGISCHER STECKBRIEF

Wissenschaftlicher Name
Chlamydosaurus kingii

Familie
Agamen (Agamidae)

Heimat
Nordaustralien und südliches Neuguinea

Lebensraum
Kommt hauptsächlich in trockenen Wäldern vor

Größe
60–90 cm

Ernährung
Vor allem Insekten, aber auch Echsen, Kleinsäuger und Vogeleier

Diese ungewöhnliche Echse stellt sich bei einer Bedrohung auf die Hinterbeine und entfaltet einen auffällig gefärbten kragenartigen Hautlappen am Hals, um so größer und gefährlicher auszusehen. Dazu reißen die Tiere das Maul auf, zischen sehr laut und schlagen wütend ihren Schwanz hin und her. Und auch bei der Balz stellen die Männchen ihre Halskrause auf, um den Weibchen zu imponieren. Der Kragen, der von knorpeligen Fortsätzen des Zungenbeins gestützt wird, kann außerdem zur Regulierung der Körpertemperatur dienen, weil über die dünne Hautfalte bei großer Hitze die Wärme sehr gut abgegeben wird.
Die von orange über braun bis fast schwarz gefärbten, einzelgängerisch lebenden Tiere sind zumeist auf Bäumen zu finden. Bei einer Gefahr springen sie aber oft auch auf den Boden herab und laufen dann auf zwei Beinen davon, wobei der Schwanz dazu dient, das Gleichgewicht zu halten. Die 10–15 Eier werden in feuchtem Sand vergraben und anschließend sich selbst überlassen. Die Jungtiere schlüpfen bereits nach etwa zehn Wochen.

Gewöhnlicher Flugdrache

Diese kleine, schlanke, auf Bäumen lebende Echse kann dank der beiden seitlich am Körper sitzenden Hautlappen, die von aus dem Körper herausragenden Rippen gestützt werden, ein Stück durch die Luft gleiten. Genutzt wird diese Möglichkeit vor allem bei der Flucht vor Feinden, die oft verdutzt dreinschauen, wenn die sicher geglaubte Beute bis zu 30 Meter weit auf einen anderen Baum „fliegt".

Typisch für die Männchen der Flugdrachen sind außerdem die großen, gelben Kehllappen, die bei der Balz eingesetzt werden, aber auch um Rivalen aus dem Revier zu vertreiben, das die Tiere hoch in den Urwaldbäumen abgrenzen. Die Nahrung besteht fast ausschließlich aus Insekten, wobei Ameisen zur Lieblingsnahrung der kleinen Echsen gehören. Das im Boden vergrabene Gelege besteht aus höchstens vier Eiern, aber da die Tiere in Regionen leben, wo sie sich das ganze Jahr über fortpflanzen können, gibt es dennoch ausreichend Nachwuchs.

BIOLOGISCHER STECKBRIEF

Wissenschaftlicher Name
Draco volans

Familie
Agamen (Agamidae)

Heimat
Südostasien

Lebensraum
Die Art ist hauptsächlich in Regenwäldern zu finden

Größe
15–20 cm

Ernährung
Insekten

Dornteufel

BIOLOGISCHER STECKBRIEF

Wissenschaftlicher Name
Moloch horridus

Familie
Agamen (Agamidae)

Heimat
Australien

Lebensraum
Wüsten

Größe
20 cm; die Weibchen sind etwas kleiner

Ernährung
Frisst fast ausschließlich Ameisen

Der Dornteufel gehört zu den Reptilien, die sich perfekt an die extremen Lebensbedingungen der Wüste angepasst haben. Er ist leicht zu erkennen, denn Körper, Beine und Schwanz sind dicht mit großen, harten Stachelschuppen bedeckt, wobei die beiden längsten Stacheln direkt über den Augen sitzen, sodass es aussieht, als hätten die Tiere kleine Hörner. Typisch sind aber auch sein stachliger Fettbuckel im Nackenbereich und die leuchtend gelbe, braune und rötliche Färbung, die man für Warnfarben eines giftigen Tieres halten könnte. Tatsächlich ist der Dornteufel aber eine harmlose kleine Echse, die den Namen *Moloch horridus*, was in etwa „Schreckliche Macht, die alles verschlingt" bedeutet, wirklich nicht verdient.

Die Heimat des Dornteufels sind die unwirtlichen Wüstengebiete West- und Zentralaustraliens. Dort kann man die tagaktiven Tiere in den Morgenstunden häufig in Gesellschaft von Artgenossen auf einem Stein in der Sonne sitzen sehen, wo sie sich nach der kühlen Wüstennacht aufwärmen. Aber selbst in der Wärme des Tages bewegen sich die kleinen Echsen auffällig langsam und mit etwas ruckartigen Bewegungen vorwärts, sodass sie den meisten Feinden kaum entkommen können. Daher behelfen sie sich, indem sie den Kopf bei Gefahr zwischen die Vorderbeine stecken und ihrem Angreifer den stachelbewehrten Fettbuckel entgegenstrecken, damit dieser die empfindlicheren Weichteile auf der Unterseite des Tieres nicht erreichen kann.

Wie für alle Wüstentiere ist auch für den Dornteufel die ausreichende Versorgung mit Wasser das größte Problem. Um die wenige Feuchtigkeit optimal zu nutzen, sind die Schuppen der Echse so angeordnet, dass auf der Körperoberfläche feine Kanälchen entstehen, die auf den Körper fallendes Regenwasser oder Tau durch Kapillarkräfte zum Maul der Tiere leiten. Und auch aus den Fettreserven in seinem Buckel kann er in Notzeiten noch Wasser gewinnen. Ungewöhnlich ist aber auch das Fressverhalten der australischen Echse, denn ihre Nahrung besteht fast ausschließlich aus Ameisen.

Ostafrikanisches Dreihornchamäleon

BIOLOGISCHER STECKBRIEF

Wissenschaftlicher Name
Chamaeleo jacksonii

Familie
Chamäleons (Chamaeleonidae)

Heimat
Kenia und Tansania

Lebensraum
In Bergwäldern zwischen 1500 und 2500 m

Größe
20–30 cm

Ernährung
Insekten

Dieses Chamäleon erkennt man sehr leicht an den drei hornartigen Auswüchsen am Kopf. Besonders lang werden sie bei ausgewachsenen Männchen (bis eineinhalb Zentimeter), während sie bei den Weibchen oft nur angedeutet sind. Sie werden von

den revierbildenden Männchen bei Rivalenkämpfen während der Paarungszeit eingesetzt.

Da Chamäleons häufig ihre Färbung ändern, können die Tiere die unterschiedlichsten Farbtöne von gelbgrün über dunkelgrün bis braun annehmen. Zusätzlich kann auch noch eine schwarze oder gelbe Zeichnung vorhanden sein. Die Art gehört zu den lebend gebärenden Chamäleons, während die Weibchen anderer Arten, etwa die des Jemenchamäleons *(Chamaeleo calyptratus)*, Eier legen.

Das Ostafrikanische Dreihornchamäleon gehört zu den besonders beliebten Terrarientieren, sodass früher unzählige Exemplare für den Handel gefangen wurden. Inzwischen wurde der Export von den Heimatländern dieser ungewöhnlichen, immer seltener werdenden Echsen allerdings stark eingeschränkt. Durch entflohene Heimtiere hat sich die Art inzwischen auch auf Hawaii und in Kalifornien angesiedelt.

Jemenchamäleon

BIOLOGISCHER STECKBRIEF

Wissenschaftlicher Name
Chamaeleo calyptratus

Familie
Chamäleons (Chamaeleonidae)

Heimat
Jemen und südwestliches Saudi-Arabien

Lebensraum
Sowohl an Berghängen als auch im Küstentiefland

Größe
25–60 cm

Ernährung
Vor allem Insekten, aber auch Früchte

Diese Art lässt sich leicht an dem hohen, helmartigen Auswuchs erkennen, übrigens eine Eigentümlichkeit, die mehrere Chamäleons aus dieser Region aufweisen. Wozu der große Kopfauswuchs dient, ist nicht genau bekannt. Eine Vermutung ist, der Tau könne sich daran niederschlagen und dann durch Hautfalten zum Maul gelangen. Wegen der sehr guten Durchblutung könnte er aber auch zur Kühlung dienen, was für Echsen, die in heißen Regionen leben, ebenfalls besonders wichtig ist.

Allerdings haben die Weibchen deutlich kleinere Auswüchse als die Männchen, was eigentlich gegen beide Annahmen spricht.

Die seitlich zusammengedrückte Körperform ist zwar für viele Chamäleons typisch, aber beim Jemenchamäleon ist dieses Merkmal besonders ausgeprägt, denn sie sind fast so dünn wie ein großes Blatt. Zu finden sind die ungewöhnlichen Echsen sowohl in feuchten Küstenbiotopen auf der Arabischen Halbinsel, aber auch an Berghängen und auf Bergplateaus im Landesinneren.

Apothekerskink

BIOLOGISCHER STECKBRIEF

Wissenschaftlicher Name
Scincus scincus

Familie
Skinke (Scincidae)

Heimat
Nördliches Afrika und Mittlerer Osten

Lebensraum
Wüsten

Größe
20–25 cm

Ernährung
Insekten und Spinnen

Diese Echsen verdanken ihren ungewöhnlichen Namen dem Umstand, dass sie schon seit der Antike als Heilmittel zur Behandlung der unterschiedlichsten Krankheiten und kleineren Gebrechen galten, aber auch als Mittel zu Stärkung der Potenz. Daher waren die Tiere früher nicht nur in ihrer Heimat eine sehr begehrte Handelsware, sondern man exportierte sie einst in pulverisierter Form sogar bis nach Mitteleuropa, um sie dann zumeist als Tee zuzubereiten. Heute ist eine solch unsinnige Nutzung der harmlosen Echsen glücklicherweise nicht mehr üblich.

Die Art ist hauptsächlich in Sandwüsten zu finden, etwa in den Dünenzonen der Sahara, wo das Leben für alle Tiere äußerst beschwerlich ist. Das gilt natürlich auch für die Apothekerskinke, aber sie gehören zu den Lebewesen denen es besonders gut gelungen ist, sich an die harschen Bedingungen anzupassen. Dazu gehört auch die Art ihrer Fortbewegung, denn sie laufen nicht etwa über den lockeren Untergrund, sondern schlängeln sich durch den Sand, was ihnen durch den walzenförmigen Körper und die zahlreichen, eng anliegenden, glatten Schuppen erleichtert wird. Um möglichst zügig voranzukommen, machen sie mit den kurzen, kräftigen Beinen schnelle Paddelbewegungen und nutzen ihr Hinterende wie einen Ruderschwanz. Und da dies alles sehr schnell abläuft,

sieht es fast so aus, als würden die Tiere im Sand schwimmen, sodass man sie auch Sandfische nennt.
Aber die Skinke nutzen den weichen Untergrund auch um sich zu verstecken. Sind sie auf der Flucht vor einem Waran oder einem Greifvogel, bewegen sie den Körper mit einer Rüttelbewegung sehr schnell hin und her, sodass sie innerhalb kürzester Zeit im Sand versinken. Dabei kommt ihnen zugute, dass spezielle Vorrichtungen an den Augen und Ohren verhindern, dass Sand eindringen kann.
Den heißen Wüstentag verbringen die Echsen ebenfalls im Sand vergraben – oft bis zu 20 Zentimeter tief, wo es nicht nur kühler, sondern häufig auch noch ein wenig feucht ist. Gleichzeitig stellen sie alle Körperfunktionen auf Sparflamme, damit sie möglichst wenig Energie verbrauchen. Das ist auch notwendig, denn in ihrem Lebensraum ist nicht nur Wasser knapp, sondern auch Nahrung. Auf diese Weise können Apothekerskinke lange Zeit ohne Futter auskommen. Dabei hilft ihnen auch, dass sie in der Lage sind, in guten Zeiten Fettreserven für Notzeiten zu speichern.
Die wichtigsten Beutetiere der Skinke sind Insekten, sie fressen manchmal aber auch Samen, Blüten oder andere Pflanzenteile. Und selbst giftige Skorpione sind vor den etwas plump wirkenden Tieren nicht sicher. Begegnen sie einem solchen Spinnentier, ergreifen sie es am Kopf, was sie ziemlich gefahrlos tun können, weil der Giftstachel am Schwanz der Skorpione den dichten Schuppenpanzer der Echse nicht durchdringen kann.

Tannenzapfenechse

BIOLOGISCHER STECKBRIEF

Wissenschaftlicher Name
Tiliqua rugosus

Familie
Skinke (Scincidae)

Heimat
Süd- und Südostaustralien

Lebensraum
Kommt in Wüsten und in Buschbiotopen vor

Größe
30–35 cm

Ernährung
Pflanzen, Schnecken und Insekten

Diese kräftige, rotbraune Echse hat kurze Beine und große, stark gekielte Schuppen, sodass sie ein wenig an einen Tannenzapfen erinnert, was ihr auch den merkwürdigen umgangssprachlichen Namen eingebracht hat. Typisch ist aber auch der kurze, dicke, als Fettspeicher dienende Schwanz, der am Ende abgerundet ist und dadurch eine ähnliche Form hat wie der Kopf. Aus diesem Grund ist auf den ersten Blick oft auch schwierig zu erkennen, wo bei den Tieren vorn und wo hinten ist. Das gilt sicher auch für viele Feinde der Tannenzapfenechse, die sich auf diese Weise möglicherweise irritieren lassen.

Ist das nicht der Fall, greifen die Echsen auf eine ungewöhnliche Form der Verteidigung zurück: Sie drehen ihren Körper zu einem Halbkreis zusammen, öffnen das Maul so weit wie möglich und strecken dann laut zischend ihre dunkelblaue Zunge heraus. Wird ein Angreifer davon immer noch nicht abgeschreckt, beißen sie mit erstaunlicher Geschwindigkeit zu und können dabei auch an menschlichen Händen tiefe Wunden verursachen.
Tannenzapfenechsen sind lebend gebärend und bringen pro Wurf zwei bis drei Jungen zur Welt. In einigen Regionen ihres Verbreitungsgebiets sind sie recht häufig, aber die sich normalerweise nur langsam bewegenden Echsen erleiden oft das gleiche Schicksal wie die Igel in unseren Breiten: Sie werden von Autos überfahren, wenn sie in aller Seelenruhe die Straße überqueren und sich bei Gefahr zusammenrollen.

Zauneidechse

BIOLOGISCHER STECKBRIEF

Wissenschaftlicher Name
Lacerta agilis

Familie
Echte Eidechsen (Lacertidae)

Heimat
Von Großbritannien bis Zentralasien

Lebensraum
Lebt in sandigen Biotopen, auf Wiesen und in Steppengebieten

Größe
18–23 cm

Ernährung
Insekten

Die Zauneidechse ist eines der Reptilien, die man auch in unseren Breiten regelmäßig zu sehen bekommt. Allerdings ist die Bestimmung dieser variablen Art nicht immer ganz leicht, weil nicht nur geografisch voneinander getrennte Populationen häufig ganz verschieden gefärbt und gezeichnet sind, sondern es auch Unterschiede zwischen Jungtieren und ausgewachsenen Exemplaren sowie zwischen den Geschlechtern gibt. In Mitteleuropa haben die Männchen häufig grüne Flanken und einen braunen bis schwarzen Rücken (siehe Abbildung oben), während die Weibchen hellbraun sind und ein schwarzes und weißes Punktmuster aufweisen (siehe Abbildung rechts). Typisch sind aber auch der große Kopf und der lange Schwanz, der kaum kürzer ist als der übrige Körper. Da Zauneidechsen bei Gefahr ihren Schwanz abwerfen können, der dann zwar wieder nachwächst, aber zumeist nicht die vorherige Länge erreicht, findet man allerdings häufig auch Exemplare, bei denen dies nicht der Fall ist. In Mitteleuropa halten die Tiere eine längere Winterruhe. Wenn sie im März oder April daraus erwachen, machen sie sich schon bald auf die Partnersuche. Nach der Paarung legt das Weibchen die 6–14 Eier in einer kleinen Erdgrube ab, wo sie dann von der Sonne ausgebrütet werden. Die etwa fünf Zentimeter großen Jungen (siehe Abbildung unten rechts) schlüpfen – abhängig von der jeweils herrschenden Temperatur – oft erst nach zwei bis drei Monaten.

Blindschleiche

BIOLOGISCHER STECKBRIEF

Wissenschaftlicher Name
Anguis fragilis

Familie
Schleichen (Anguidae)

Heimat
Von Großbritannien und Skandinavien bis zum Kaspischen Meer

Lebensraum
Häufig in Wäldern und auf halbschattigen Wiesen, aber auch an Feldwegen, in Parks und Gärten

Größe
40–45 cm

Ernährung
Insekten, Regenwürmer und Schnecken

Weil die Blindschleiche keine Beine besitzt und sich daher schlängelnd fortbewegt, wird sie häufig für eine Schlange gehalten und deswegen nicht selten getötet. Dabei ist die kleine, glattschuppige, graue bis braune Echse völlig harmlos. Die Weibchen erkennt man normalerweise an einem langen, dünnen Längsstreifen auf dem Rücken und an den dunklen Flanken; Jungtiere sind oft silber- oder goldfarben. Erstaunlicherweise können auch Blindschleichen bei Gefahr ihren Schwanz abwerfen, was auch an ihrem wissenschaftlichen Artnahmen deutlich wird, denn „fragilis" bedeutet so viel wie zerbrechlich. Ihren umgangssprachlichen Namen haben die Tiere nicht etwa bekommen, weil sie blind sind, sondern er leitet sich von „blenden" ab und bezieht sich auf das glänzende Schuppenkleid der Echsen.

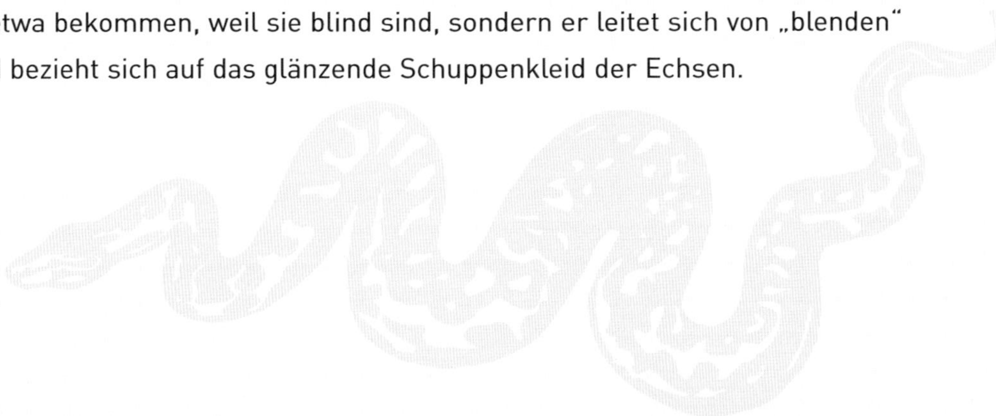

Gila-Krustenechse

BIOLOGISCHER STECKBRIEF

Wissenschaftlicher Name
Heloderma suspectum

Familie
Krustenechsen (Helodermatidae)

Heimat
Im Südwesten der USA und Nordwesten Mexikos

Lebensraum
Hauptsächlich Wüsten und trockene Grassteppen

Größe
30–50 cm

Ernährung
Eier, Insekten, Reptilien, Kleinsäuger und Vögel

Die nach dem Fluss Gila in Arizona benannte Art gehört zu den auffälligsten Echsen Nordamerikas. Im Mexiko überschneidet sich ihr Verbreitungsgebiet teilweise mit dem der Skorpion-Krustenechse (*Heloderma horridum*, siehe Abbildung Seite 219), von der sich die auch Gila-Monster oder Gila-Tier genannte Art aber nicht nur durch ihre geringere Größe unterscheidet, sondern auch durch die rosa- beziehungsweise gelb-schwarze Färbung. Gleich ist dagegen, dass beide Krustenechsen große Giftzähne im Unterkiefer besitzen, die bei einer Bedrohung auch gegen Menschen eingesetzt werden.

Die Giftdrüsen sitzen am hinteren Ende des Unterkiefers. Von dort gelangt das Gift über eine Rinne hinter den Lippen zu den nach hinten gekrümmten Zähnen, in denen kleine Furchen vorhanden sind, durch die das Gift bei einem Biss in das Opfer läuft. Die Folgen eines Bissunfalls mit einem Gila-Monster sind mit schmerzhaften Schwellungen, Bewusstseinstrübungen, Ohnmachtsanfällen und Herzbeschwerden verbunden. Todesfälle scheinen dagegen selten zu sein, auch wenn bereits 0,005 Milligramm (Trockengewicht) des Nervengifts dieser Echsen ausreicht, um einen Menschen zu töten.

Die Hauptnahrung der träge wirkenden Echsen, die sich allerdings blitzschnell umdrehen und zubeißen können, besteht aus Eiern, jungen Nagern sowie kleinen Vögeln und Reptilien. Die Nahrungssuche erfolgt normalerweise nachts und nicht selten auch in Bäumen, denn die Tiere können ausgezeichnet klettern, obwohl man ihnen dies auf den ersten Blick kaum zutrauen mag.

Komodowaran

BIOLOGISCHER STECKBRIEF

Wissenschaftlicher Name
Varanus komodoensis

Familie
Warane (Varanidae)

Heimat
Kommt nur in Indonesien vor und dort auch nur auf einigen Inseln, beispielsweise Komodo, Rintja, Gillimontang und im Westteil von Flores

Lebensraum
Savannen und Wälder

Größe
2,5–3,0 m

Ernährung
Säugetiere, Vögel und Echsen

Der Komodowaran ist die größte und schwerste Echse der Erde. Er hat einen massigen, von kräftigen Beinen gestützten Körper und einen breiten Kopf; typisch ist aber auch die gespaltene Zunge, wie man sie von Schlangen kennt. Ausgewachsene Exemplare sind unauffällig graubraun gefärbt, während Jungtiere zumeist eine recht hübsch gezeichnete Zeichnung aufweisen.

Komodowarane sind gefräßige Raubtiere, die sich hauptsächlich von großen Säugetieren ernähren, etwa Schweinen, Hirschen, Pferden und Büffeln. Bevor diese Beutetiere mit den Menschen in ihre Lebensräume gelangten, ernährten sich die Echsen möglicherweise von den inzwischen ausgestorbenen Zwergelefanten, die früher auf diesen Inseln vorkamen. Die Warane fressen aber auch Vögel und sogar kleinere Artgenossen, und sie ernähren sich regelmäßig von Aas.

Normalerweise überfällt der Komodowaran seine Opfer aus dem Hinterhalt, und wenn das verletzte Beutetier entkommt, verfolgt er es bis zu dessen Tod. Das dauert allerdings zumeist nicht sehr lange, denn der Speichel der Warane enthält offensichtlich äußerst gefährliche Bakterien, die das Opfer rasch schwächen. Möglicherweise besitzen sie aber auch ein starkes Gift, das denen der Krustenechsen ähneln könnte.

Von Zeit zu Zeit wird immer wieder einmal von Angriffen der großen Echsen auf Menschen mit oft fatalen Folgen berichtet. Aber selbst wenn nicht der schlimmste Fall eintritt, so endet eine direkte Begegnung mit der gewaltigen Echse doch fast immer mit schweren bis schwersten Verletzungen, denn die Tiere besitzen riesige Krallen und ein Furcht erregendes Gebiss, mit dem sie normalerweise große Fleischbrocken aus ihrer Beute herausreißen (siehe Abbildung Seite 223).

Komodowarane legen Eier, die sie im Boden vergraben und von der Sonne ausbrüten lassen. Die daraus schlüpfenden Jungtiere sind bereits 40 Zentimeter lang und bis zu 100 Gramm schwer. Sie klettern dann sofort auf einen der nächsten Bäume, um vor ihren Artgenossen sicher zu sein, denn die großen Echsen sind Kannibalen, die den jungen Artgenossen gnadenlos nachstellen. Daher halten sich die Jungtiere die ersten Jahre ihres Lebens auch überwiegend auf Bäumen auf.

Brückenechsen und Doppelschleichen

Die ungewöhnlichen Brückenechsen oder Tuataras gelten als die einzigen, heute noch lebenden Vertreter eine einer alten Gruppe von Reptilien, den Rhynchocephalia (Schnabelköpfen), deren übrige Mitglieder vor über 65 Millionen Jahren zusammen mit den Dinosauriern ausstarben. Damals erreichten diese Reptilien eine Länge von knapp zwei Meter, während die heutigen Brückenechsen nur noch etwa 65 Zentimeter groß werden. Und wenn diese „lebenden Fossilen" auch aussehen wie herkömmliche Echsen, so gibt es dennoch deutliche Unterschiede, vor allem im Aufbau des Skeletts, sodass man sie heute in eine eigene Ordnung namens Sphenodontia stellt.

Eine andere Gruppe, die sich den übrigen Reptilien nicht ohne Weiteres zuordnen lässt, sind die im Boden lebenden, beinlosen Doppelschleichen. Sie sind, verglichen mit ihren nächsten Verwandten, den Schlangen und Echsen, nahezu unbekannt und werden außerdem zumeist für Würmer gehalten. Der Kopf dieser ungewöhnlichen Tiere ist gepanzert, damit sie gut im Boden graben können, und ihr schlanker Körper weist in Ringen angeordnete Schuppen auf, die das wurmartige Aussehen noch verstärken. Die etwa 140 bekannten Arten, die man früher zur großen Gruppe der Echsen rechnete, stellt man heute zumeist in eine eigene Unterordnung namens Amphisbaenia innerhalb der Schuppenkriechtiere (Ordnung Squamata).

Brückenechse

Typisch für die nur zwei Brückenechsenarten sind der breite Kopf, die großen Augen, die kräftigen Beine mit den krallenbewehrten Füßen und der über den Rücken und Schwanz verlaufende Kamm, dessen Stacheln sich bei Gefahr aufrichten lassen. Die ungewöhnlichen Reptilien haben sich ausgezeichnet an das kühle Klima der Felsinseln angepasst, auf denen sie leben, etwa durch geringe Stoffwechselraten, denn diese Lebensräume bieten für Reptilien bei Weitem nicht die besten Bedingungen. Brückenechsen ernähren sich hauptsächlich von Wirbellosen und teilen sich die wenigen vorhandenen Höhlen mit Sturmvögeln, um wenigstens ein wenig Schutz vor den oft widrigen Wetterbedingungen zu haben. Sie wachsen äußerst langsam und erreichen die Geschlechtsreife erst im Alter von etwa 20 Jahren. Die zweite Art ist *Sphenodon guentheri.*

BIOLOGISCHER STECKBRIEF

Wissenschaftlicher Name
Sphenodon punctatus

Familie
Brückenechsen (Sphenodontidae)

Heimat
Inseln vor Neuseeland

Lebensraum
Felsige Küstenbiotope

Größe
50–65 cm

Ernährung
Wirbellose und Vogeleier

Maurische Netzwühle

Diese Doppelschleiche lebt in Europa, allerdings nur auf der Iberischen Halbinsel. Es handelt sich um gelbliche, fleischfarbene oder braune bis fast schwarze Tiere; die Unterseite ist zumeist etwas heller gefärbt. Typisch ist außerdem der spitze Kopf zum Graben und der mit winzigen, viereckigen Schuppen bedeckte Körper. Die Maurische Netzwühle ernährt sich überwiegend von Insektenlarven und Würmern, die sie vor allem unter der Erde sucht. Die Weibchen legen häufig nur ein einziges Ei ab, im Höchstfall aber zwei. Dennoch ist die Art in ihrem Verbreitungsgebiet nicht einmal besonders selten. Zu sehen bekommt man sie aber mit viel Glück höchstens einmal unter einem Haufen alter Blätter oder einem Stein.

BIOLOGISCHER STECKBRIEF

Wissenschaftlicher Name
Blanus cinereus

Familie
Eigentliche Doppelschleichen (Amphisbaenidae)

Heimat
Spanien und Portugal

Lebensraum
In Sandboden und unter welken Blättern

Größe
10–30 cm

Ernährung
Wirbellose

Schildkröten

Es gibt mehr als 270 Schildkrötenarten, die fast überall in den tropischen und gemäßigten Breiten der Erde vorkommen. Zusammengefasst werden sie in der Ordnung Testudines, die sich in zwei weitere Gruppen unterteilen lässt: Die sogenannten Halswender-Schildkröten (Unterordnung Pleurodira), die ihren langen Hals nicht oder nicht vollständig in den Panzer zurückziehen können, sondern ihn seitlich in die vordere Panzeröffnung legen, und die Halsberger-Schildkröten (Unterordnung Cryptodira), die dazu in der Lage sind, weil sich ihre Halswirbelsäule s-förmig krümmen lässt. Alle in diesem Kapitel vorgestellten Arten gehören zur Gruppe der Halsberger-Schildkröten.

Schildkröten sind seit dem Trias vor 250 Millionen Jahren bekannt, und sie haben sich im Verlauf dieser langen Zeit nur wenig verändert. Sie besitzen keine Zähne, sondern Hornleisten, die bei fleischfressenden Arten allerdings zumeist messerscharf sind. Bei vielen Wasserschildkröten sitzen zwischen den Zehen dünne Schwimmhäute und die Meeresschildkröten verfügen sogar über zu Paddel umgewandelte Gliedmaßen.

Die Eiablage findet bei allen Schildkröten an Land statt. Dazu graben die Weibchen eine Vertiefung in den Boden und bedecken die Eier anschließend mit Erde oder Sand. Eine Brutpflege findet nicht statt, sondern die Tiere überlassen ihren Nachwuchs sich selbst.

Die Größe der einzelnen Arten ist recht unterschiedlich. So wird die winzige Gesägte Flachschildkröte *(Homopus signatus)* oft nicht größer als sechs Zentimeter, während die massige Lederschildkröte *(Dermochelys coriacea)* eine Länge von bis zu 180 Zentimeter erreichen kann.

Schnappschildkröte

BIOLOGISCHER STECKBRIEF

Wissenschaftlicher Name
Chelydra serpentina

Familie
Alligatorschildkröten (Chelydridae)

Heimat
Nordwesten Südamerikas, Mittelamerika sowie in Teilen Nordamerikas

Lebensraum
In den unterschiedlichsten Süßwasserbiotopen, geht aber auch ins Brackwasser

Größe
20–40 cm

Ernährung
Allesfresser: Vögel, Fische, Frösche und andere Amphibien, Insekten und deren Larven sowie Pflanzen

Die kräftigen, unauffällig olivgrün gefärbten Schnappschildkröten haben einen gewölbten, leicht gefurchten Rückenpanzer, einen massigen Kopf, muskulöse Beine mit scharfen Krallen an den Füßen und einen langen Schwanz mit auffälligen Höckerkielen. Außerdem besitzen diese Tiere sehr kräftige Kiefer, mit denen sie tiefe und schmerzhafte Bisswunden verursachen können, vor allem an Fingern und Zehen. Dazu kommt, dass diese Reptilien kaum Angst vor Menschen haben. So fliehen sie bei einer Entdeckung nicht, sondern greifen manchmal sogar Angler oder Spaziergänger mit einer für Schildkröten erstaunlichen Geschwindigkeit an.

Der bevorzugte Lebensraum dieser überwiegend nachts aktiven Reptilien sind stehende Gewässer mit schlammigem Untergrund. Dort gehen sie hauptsächlich kriechend auf die Jagd, sind aber auch ausgezeichnete Schwimmer. Manchmal legen sie größere Entfernungen an Land zurück, um sich einen Partner oder ein neues Gewässer zu suchen. Den Winter verbringen sie normalerweise eingegraben im Schlamm.

Bei der Nahrungssuche sind Schnappschildkröten wenig wählerisch, denn sie schlingen fast alles herunter, was sie bewältigen können, angefangen bei Fischen oder Fröschen, bis hin zu Wasservögeln und sogar Schlangen. Außerdem fressen die Reptilien häufig Pflanzen, aber auch tote Tiere. Diesen Umstand sollen sich früher die nordamerikanischen Ureinwohner zunutze gemacht haben, die angeblich an ein Seil gebundene Schnappschildkröten benutzten, um nach ertrunkenen Stammesangehörigen zu suchen, damit sie diese dann bergen und bestatten konnten.

Natürliche Feinde haben Schnappschildkröten dagegen kaum, sieht man einmal davon ab, dass manchmal Alligatoren oder Waschbären ihre aus 20–40 Eiern bestehenden Gelege plündern. Fürchten müssen sie, wie so viele Wildtiere, allerdings den Menschen, denn ihr Fleisch gilt in einigen Landstrichen als besonderer Leckerbissen. Um die gierigen Fresser zu fangen, wird häufig eine Angel benutzt. Aber auch ihre Eier gelten roh gegessen als Delikatesse, sodass alljährlich viele Gelege zerstört werden.

Geierschildkröte

Eine nah verwandte Art der Schnappschildkröte *(Chelydra serpentina)* ist die Geierschildkröte aus dem Südosten der USA. Sie kann sogar bis 80 Zentimeter groß werden und ein Gewicht von 100 Kilogramm erreichen. Bei der Jagd liegen die Tiere, die durch ihren unauffällig graubraun gefärbten Panzer außerordentlich gut getarnt sind, mit weit geöffnetem Maul völlig regungslos am schlammigen Boden ihrer Heimatgewässer und warten so auf Beute. Schnappt ein hungriger Fisch nach ihrer wurmartigen Zunge, schließt die Schildkröte blitzschnell das hakenförmige Maul und verschlingt dann ihr Opfer. An die Wasseroberfläche müssen die Tiere, die praktisch nie an Land gehen, nur ungefähr alle 40–50 Minuten zum Luftholen.

In ihrer Heimat sind die Geierschildkröten recht gefürchtet, denn sie gelten als ausgesprochen furchtlos, und bereits mittelgroße Exemplare können mühelos einen menschlichen Finger abbeißen. Auch ihr Fleisch und ihre Eier gelten als Delikatesse, sodass die Tiere regelmäßig gefangen und die Gelege ausgeräumt werden.

BIOLOGISCHER STECKBRIEF

Wissenschaftlicher Name
Macrochelys temminckii

Familie
Alligatorschildkröten (Chelydridae)

Heimat
Südosten der USA

Lebensraum
In den unterschiedlichsten Süßwasserbiotopen, geht aber auch ins Brackwasser

Größe
40–80 cm

Ernährung
Fische, Wasservögel, Schlangen, Frösche, Schnecken, Würmer

Europäische Sumpfschildkröte

BIOLOGISCHER STECKBRIEF

Wissenschaftlicher Name
Emys orbicularis

Familie
Neuwelt-Sumpfschildkröten (Emydidae)

Heimat
Europa, Nordwestafrika und Nordwestasien

Lebensraum
Stehende oder langsam fließende Gewässer mit zahlreichen Pflanzen und schlammigem Boden

Größe
20–35 cm

Ernährung
Würmer, Insektenlarven, Schnecken, Kaulquappen, Frösche, Fische; manchmal auch kleine Nager oder Vögel sowie Pflanzen und Aas

Die Europäische Sumpfschildkröte kommt als einzige Schildkröte auch in Mitteleuropa vor. Allerdings ist sie heute ausgesprochen selten, sodass nur wenige Menschen das Glück haben, dieses Reptil einmal zu Gesicht zu bekommen. Erkennen kann man die Art an ihrem ovalen, vergleichsweise flachen, schwarz oder dunkelbraun gefärbten, manchmal gelb gestreiften oder gesprenkelten Rückenpanzer; Kopf und Beine sind ebenfalls schwarz mit gelben Flecken oder Streifen.

Sumpfschildkröten, die mittlerweile an einigen Standorten wieder neu angesiedelt wurden, sind ausgesprochen scheue Tiere, die den größten Teil ihres

Lebens im Wasser verbringen. Zwischendurch sonnen sie sich immer wieder einmal am Ufer oder auf schwimmenden Baumstämmen, verschwinden bei einer Störung aber augenblicklich im Wasser. Ihr typischer Lebensraum sind stehende oder langsam fließende, dicht bewachsene Gewässer, wo manchmal nur an der Oberfläche treibende Schwimmblasen von erbeuteten Fischen auf ihre Anwesenheit hinweisen.
Als die Europäische Sumpfschildkröte in Mitteleuropa noch häufiger war, wurde sie gern zur Fastenzeit gegessen, in der man bekanntlich kein Fleisch zu sich nehmen soll. Fisch ist davon allerdings ausgenommen, und alle die bereit waren, ein wenig zu mogeln, aßen in dieser Zeit auch Schildkrötenfleisch. Zum starken Rückgang der Tiere hat aber nicht diese vereinzelte Umgehung der strengen Fastenregeln geführt, sondern vor allem die Vernichtung geeigneter Lebensräume. In Deutschland und den meisten angrenzenden Länder ist die Art daher schon seit vielen Jahren streng geschützt.

Galapagos-Riesenschildkröte

BIOLOGISCHER STECKBRIEF

Wissenschaftlicher Name
Geochelone nigra

Familie
Landschildkröten (Testudinidae)

Heimat
Galapagosinseln

Lebensraum
Bevorzugt felsige Vulkanlandschaften

Größe
80–110 cm; die Männchen sind deutlich größer als die Weibchen

Ernährung
Pflanzen, darunter auch Kakteen

Die Galapagos-Riesenschildkröten tragen ihren Namen zu Recht, denn diese urtümlich wirkenden Reptilien können nicht nur über einen Meter lang werden, sondern auch ein Gewicht von mehr als 400 Kilogramm erreichen. Die Art kommt nur auf den Galapagosinseln vor, einer Inselgruppe vulkanischen Ursprungs, die etwa 1000 Kilometer vor der Küste Ecuadors im Pazifischen Ozean liegt. Insgesamt gibt es 15 große sowie Hunderte kleinerer Inseln, auf denen sich wegen ihrer isolierten Lage eine ganz besondere Tier- und Pflanzenwelt entwickelt hat. Dazu gehören auch die Riesenschildkröten, die dort einst in so großen Mengen vorgekommen sein sollen, dass die Panzer der unzähligen Reptilien einzelne Inseln aus der Ferne schwarz aussehen ließen.

Das änderte sich allerdings im 18. Jahrhundert, als die Eilande als Unterschlupf für Seeräuber dienten und außerdem häufig von Walfangschiffen angelaufen wurden, um Riesenschildkröten als lebende Fleischvorräte mitzunehmen. Den Aufzeichnungen von Walfangschiffen aus dieser Zeit kann man entnehmen, dass allein diese nicht gerade zimperliche Berufsgruppe innerhalb von 30 Jahren rund 200 000 Tiere abschlachtete oder mitschleppte. Und sollten die Schätzungen in etwa zutreffen, sind seit der Entdeckung des Archipels im 16. Jahrhundert insgesamt zehn Millionen Tiere getötet worden.

Zusätzlich breiteten sich nach der Besiedlung einiger Inseln aber auch noch verwilderte Haustiere aus. Dabei handelte es sich vor allem um Hunde, Ziegen und Ratten, die nach und nach auf alle Eilande gelangten und dort unter anderem auch die Gelege der Riesenschildkröten zerstörten oder den Nachwuchs fraßen. Daher gelten von den einst 15 Unterarten, die ursprünglich auf den

Galapagosinseln vorkamen und deren Populationen durch unpassierbare Lavafelder oder durch das Meer voneinander getrennt waren, auch bereits vier als ausgestorben.

Von der Unterart *Geochelone nigra abingdoni* gibt es allem Anschein nach nur noch ein einziges, etwa 80 Jahre altes männliches Tier, das man liebevoll „Lonesome George" genannt hat. Inzwischen wurde nun aber nach intensiver Suche auf einer der Nachbarinseln ein Weibchen gefunden, dessen Genom zu großen Teilen mit dem des „einsamen Georg" übereinstimmt.

Nun hofft man, dass sich der vereinsamte Junggeselle mit diesem Weibchen fortpflanzt, damit die Unterart nicht auch noch ausstirbt. Allerdings wird dies

Galapagos-Riesenschildkröte

vielleicht erst in vielen Jahren geschehen, denn Galapagosschildkröten, die sehr alt werden können, haben es nicht eilig.
Typisch für die großen Landschildkröten der Galapagosinseln sind der graue Panzer, die kräftigen Beine und der sehr lange Hals. Allerdings gibt es bei den Bewohnern der verschiedenen Inseln auch erstaunliche anatomische Unterschiede. So haben Tiere von Inseln mit viel Regen und üppiger Vegetation beispielsweise einen besonders langen Hals und einen sattelartigen Panzer mit einer hochgewölbten Öffnung, damit die Tiere auch größere Pflanzen fressen können. Bei den Unterarten von Inseln mit niedrigem Pflanzenwuchs fehlen diese Merkmale.
Außer auf den Galapagosinseln kommen Riesenschildkröten nur noch auf einigen entlegenen Inseln im westlichen Indischen Ozean vor, etwa den Aldabrainseln nördlich von Madagaskar. Die dort lebenden drei Arten, darunter *Dipsochelys dussumieri* (siehe Abbildung oben) sowie *Dipsochelys hololissa* und *Dipsochelys arnoldi*, können sogar noch etwas größer und vielleicht auch älter werden als die Tiere von den Galapagosinseln. In menschlicher Obhut wurde ein Exemplar über 150 Jahre alt, und da das Tier bereits ausgewachsen war, als man es fing, hatte es tatsächlich wohl insgesamt ein Alter von mindestens 180 Jahren erreicht.

Griechische Landschildkröte

BIOLOGISCHER STECKBRIEF

Wissenschaftlicher Name
Testudo hermanni

Familie
Landschildkröten (Testudinidae)

Heimat
Europa

Lebensraum
Bevorzugt trockene, mit Sträuchern bewachsene Biotope

Größe
15–20 cm

Ernährung
Pflanzen

Dieser Art wäre es beinahe zum Verhängnis geworden, dass sie über Jahrzehnte hinweg ein außerordentlich beliebtes Heimtier war, sodass alljährlich Tausende von Exemplaren in der Natur gesammelt wurden, um sie an Liebhaber zu verkaufen. Und auch viele Griechenland- oder Italienurlauber brachten die leicht zu fangenden Reptilien alljährlich von ihrer Reise mit. Außerdem wurden die Tiere in manchen Gegenden gegessen und Schmuckgegenstände oder Reiseandenken aus ihrem Panzer hergestellt. Inzwischen ist die hübsche Schildkröte aber durch das Washingtoner Artenschutzabkommen geschützt, sodass heute fast nur noch in Menschenobhut gezüchtete Tiere in den Handel kommen. Allerdings ist die Art immer

noch durch die zunehmende Zerstörung ihrer angestammten Lebensräume und durch den ständig zunehmenden Autoverkehr gefährdet.

Die Griechische Landschildkröte hat einen gelbbraunen bis dunkelbraunen Rückenpanzer mit heller Zeichnung, die mit zunehmendem Alter aber immer

mehr von einem dunklen Pigment überlagert wird. Sie wird oft mit der Maurischen Landschildkröte (*Testudo graeca*, siehe Abbildung oben) verwechselt, die ebenfalls im Mittelmeerraum heimisch ist. Tatsächlich gibt es auch nur geringe Unterschiede zwischen beiden Arten, etwa der stärker gewölbte Panzer. Beide Arten legen ihre etwa zehn Eier in einer selbst gegrabenen Eigrube ab, wo sie von der Sonne ausgebrütet werden.

Lederschildkröte

BIOLOGISCHER STECKBRIEF

Wissenschaftlicher Name
Dermochelys coriacea

Familie
Lederschildkröten (Dermochelyidae)

Heimat
Fast weltweit verbreitet

Lebensraum
Kommt in gemäßigten und tropischen Meeren vor

Größe
1,5–2,0 m

Ernährung
Hauptsächlich Weichtiere, Krebse und Fische

Die Lederschildkröte, die größte aller Meeresschildkröten, kann bis zu zwei Meter lang werden und ein Gewicht von über einer halben Tonne erreichen. Den Rekord hält ein Männchen, das in Wales gefangen wurde und 750 Kilogramm wog. Die Art kommt in allen Weltmeeren vor, wo die Tiere oft lange Wanderungen unternehmen. So findet man sie manchmal bis zu 5000 km von ihren angestammten Nistplätzen entfernt, und im Sommer kommen sie oft auch in die gemäßigten Breiten – ganz vereinzelt sogar bis in die Ostsee.

Die meiste Zeit des Jahres verbringen die Lederschildkröten aber in wärmeren Regionen, wo sie im offenen Meer nach Nahrung suchen. Diese besteht vor allem aus Weichtieren wie Quallen und Kalmaren, sie fressen aber auch Fische, Krebse und sogar Algen. Bei der Nahrungssuche tauchen die Schildkröten bis

in eine Tiefe von über 1000 Meter hinab. Dabei können sie stundenlang unter Wasser bleiben, weil sie sehr viel weniger Sauerstoff verbrauchen als andere mit Lungen atmende Wirbeltiere.

Zur Eiablage müssen aber auch die so ausgezeichnet an das Wasserleben angepassten Tiere an Land kriechen, was einen ziemlichen Kraftakt für die schweren Kolosse darstellt. Die Nistplätze der Lederschildkröten sind über den gesamten Erdball verteilt, angefangen von Süd- und Mittelamerika bis Florida über Indien, Thailand, Malaysia und Australien bis nach Südafrika. Dort tauchen sie zumeist bei Dunkelheit auf, heben eine keine Grube im weichen Sand aus und legen dorthinein die bis zu 150 Eier. Anschließend wird das Erdloch abgedeckt und die Lederschildkröten verschwinden wieder im Meer.

Nach etwas mehr als zwei Monaten schlüpfen aus den fast runden Eiern dann die jungen Lederschildkröten, die sofort versuchen, das nahe Wasser zu erreichen. Allerdings haben die nur etwa sechs Zentimeter langen Jungtiere zahlreiche Feinde, vor allem Meeresvögel, die bereits auf die leichte Beute warten. Aber auch diejenigen, die das Meer erreichen, werden dort in großer Zahl von Raubfischen gefressen, sodass nur sehr wenige Lederschildkröten auch tatsächlich die Geschlechtsreife erlangen. Zu ihrem Glück enthält ihr Fleisch sehr viel Tran, sodass sie sich nicht als menschliche Nahrung eignen. Daher stellt man ihnen auch nicht so stark nach, wie anderen Meeresschildkröten.

Lederschildkröten besitzen keinen herkömmlichen Panzer, denn er ist bis auf kleinere Reste zurückgebildet, sondern eine sehr dicke, lederartige Haut, in die mosaikartig zahlreiche Knochenplättchen eingebettet sind. Am Vorderende geht die Lederhaut dann in den Hals und den großen, rundlichen Kopf über, der sich logischerweise nicht einziehen lässt. Typisch sind aber ebenso die langen, paddelartigen Beine, denen – auch das ist einzigartig unter Meeresschildkröten – die Krallen fehlen.

Suppenschildkröte

BIOLOGISCHER STECKBRIEF

Wissenschaftlicher Name
Chelonia mydas

Familie
Meeresschildkröten (Cheloniidae)

Heimat
Meere in tropischen, subtropischen und gemäßigten Regionen; auch im Mittelmeer

Lebensraum
Zumeist in Küstennähe

Größe
Bis 1,2 m

Ernährung
Pflanzliche und tierische Nahrung

Die Suppenschildkröte, die ein Gewicht von bis zu 250 Kilogramm erreichen kann, ist die wohl bekannteste der insgesamt sieben Meeresschildkrötenarten. Sie hat einen glatten, stromlinienförmigen, grünlich oder braun gezeichneten Panzer und große, hell gesäumte

Knochenplatten auf Kopf und Beinen. Die Tiere, die bis zu 50 Jahre alt werden können, verbringen den größten Teil ihres Lebens im Meer, wo sie sich dank ihrer paddelförmigen Vorderbeine etwa sechsmal so schnell bewegen können wie eine im Süßwasser heimische Art.

Ausgewachsene Suppenschildkröten ernähren sich überwiegend von Tang und von Seegras, das mit den scharfkantigen Kiefern abgebissen wird, wobei sie über eine halbe Stunde ohne zu atmen unter Wasser bleiben können. Dagegen fressen Jungtiere hauptsächlich Wirbellose. Die Eiablageplätze der Suppenschildkröten befinden sich oft an abgelegenen Stränden, zu denen die ausgewachsenen Tiere manchmal bis zu 1600 Kilometer zurücklegen, wobei sie die Gewässer in der Nähe des Platzes, an dem sie geschlüpft sind, am Geschmack wiedererkennen. Die bis zu 100 Eier, die fast so groß sind wie Tennisbälle, werden im Schutz der Dunkelheit an Sandstränden abgelegt.

Suppenschildkröte

Das Fleisch ausgewachsener Tiere gilt als Delikatesse, sodass die mittlerweile schon sehr selten gewordene Suppenschildkröte immer noch für den menschlichen Verzehr gefangen und getötet wird. Aber auch die Eier sind in einigen Regionen der Erde ein beliebtes Nahrungsmittel, sodass zu Zeiten, als noch viele der eleganten Reptilien die Weltmeere bevölkerten, alljährlich Millionen von Eiern gesammelt wurden. Und vor allem im 18. Jahrhundert wurden die Tiere oft auch als lebender Proviant bei langen Schiffsreisen mitgeführt.

Heute ist die Art durch das Washingtoner Artenschutzabkommen zwar weltweit geschützt, aber sie wird in einigen Teilen der Erde weiterhin gewildert und auch ihre Eier finden immer noch reichlich Abnehmer. Daher bewachen Naturschützer in aller Welt heute oftmals die bekannten Eiablageplätze der großen Reptilien, damit dort möglichst viele Jungtiere schlüpfen und im nahe gelegenen Meer verschwinden können.

Allerdings dezimiert nicht nur der Mensch die Bestände, sondern es gibt auch zahlreiche Tiere, die die Gelege ausgraben und die Eier fressen, etwa Warane oder manchmal auch Schleichkatzen und sogar Affen. Außerdem sind die frisch geschlüpften Jungtiere auf ihrem Weg zum Meer eine leichte Beute für die unterschiedlichsten Seevögel und im Wasser warten dann bereits zahlreiche weitere Feinde auf die kleinen Schildkröten.

Echte Karettschildkröte

BIOLOGISCHER STECKBRIEF

Wissenschaftlicher Name
Eretmochelys imbricata

Familie
Meeresschildkröten (Cheloniidae)

Heimat
Nahezu weltweit verbreitet

Lebensraum
Überwiegend in tropischen Meeren, gelegentlich auch in gemäßigten Breiten

Größe
80–100 cm

Ernährung
Schwämme und pflanzliche Nahrung

Diese attraktive Meeresschildkröte lässt sich leicht an ihrem deutlich gezackten Rückenpanzer erkennen, der zumeist eine helle Grundfärbung mit dunklen Schattierungen aufweist. Und dieser hübsche Panzer war auch der Grund, dass die Tiere in der Vergangenheit stark verfolgt wurden, weil man die sich schindelartig überlappenden Hornschilde, das sogenannte Schildpatt, verwendete, um beispielsweise Kämme und Schmuckgegenstände herzustellen. Allerdings musste es sich bei den gefangenen Tieren um junge Schildkröten handeln, weil ältere Exemplare ihre prächtige Färbung verlieren und in der Regel auch dicht mit Seepocken und Algen bewachsen sind, sodass man sie nicht mehr gebrauchen konnte.

Inzwischen gibt es zwar vergleichbare Kunststoffe, aus denen man solche Gebrauchsgegenstände herstellen kann, aber die Echte Karettschildkröte wird immer noch stark bejagt, weil die Nachfrage nach echtem Schildpatt weiterhin groß ist. Daran ändert es auch wenig, dass die Art durch das Washingtoner Artenschutzabkommen international geschützt ist. Außerdem leiden die Bestände unter der ständig zunehmenden Meeresverschmutzung, denn diese verhindert ein gesundes Wachstum der Meeresschwämme, also jenen wirbellosen Organismen, von denen sich die Karettschildkröten zum großen Teil ernähren.

Krokodile

Zu den Krokodilen gehören nur 23 Arten, die man drei Familien zuordnet: den Alligatoren (Alligatoridae), den Echten Krokodilen (Crocodylidae) und den Gavialen (Gavialidae). Alle Arten leben stets in Gewässernähe und auch die Beutejagd findet fast ausschließlich im Wasser statt. Bei der Jagd helfen den Krokodilen die langen, oft kräftigen Kiefer mit den zahlreichen spitzen Zähnen, aus denen eine Beute nur selten wieder entkommt, die zum Schutz mit einer zusätzlichen Nickhaut ausgestatteten Augen sowie die Nasenlöcher und Ohren, die sich durch Hautklappen verschließen lassen, damit keine Flüssigkeit eindringt. Außerdem haben sie einen kräftigen, seitlich abgeplatteten Ruderschwanz, mit dessen Hilfe sie sich im Wasser sehr schnell fortbewegen können. Typisch für Krokodile ist aber auch, dass ihr Körper von einer sehr widerstandsfähigen Haut bedeckt ist, die zudem noch durch Hornschilde verstärkt sein kann.

Krokodile kommen in tropischen und subtropischen Regionen rund um den Erdball vor. Die kleinste Art ist der Brauen-Glattstirnkaiman *(Paleosuchus palpebrosus)*, der nur etwa eineinhalb Meter lang wird, während Leistenkrokodile manchmal eine Länge von über sieben Meter und ein Gewicht von einer Tonne erreichen. Größere Arten können auch für den Menschen eine Gefahr darstellen, während sich die sehr lange, schmale Schnauze des Gavials eigentlich nur für den Fang von Fischen eignet.

Mississippi-Alligator

BIOLOGISCHER STECKBRIEF

Wissenschaftlicher Name
Alligator mississippiensis

Familie
Alligatoren (Alligatoridae)

Heimat
Südosten der USA

Lebensraum
Süßwassersümpfe, Seen und Flüssen

Größe
2,5–5,5 m

Ernährung
Säugetiere, Vögel, Reptilien, Amphibien, Fische, Muscheln, Krebse und größere Insekten, aber auch Aas

Die Heimat dieser Art ist der Südosten der USA, wo man die Tiere vor allem in den großen Sumpfgebieten findet, etwa den Everglades im Bundesstaat Florida. Es handelt sich um massige Tiere mit einer graugrünen bis fast schwarzen Färbung und einem breiten, rundlichen Maul, die im ausgewachsenen Zustand auch Menschen gefährlich werden können. Normalerweise fressen sie aber als Jungtiere vor allem Wirbellose, Frösche und Fische, während ausgewachsene Exemplare außerdem Jagd auf Wasservögel und Säugetiere machen. Darunter können auch große Tiere wie Hirsche sein. Diese werden zumeist erbeutet, wenn sie zum Trinken an das Gewässerufer kommen, in dem Mississippi-Alligatoren lauern. Diese sind dort oft kaum zu erkennen, weil ihre Augen und Nasenlöcher

etwas erhöht am Kopf sitzen, sodass sich der Rest des Körpers unter Wasser befinden kann, während die Räuber ihre Beute genau im Blick haben.

Da Mississippi-Alligatoren oft nicht weit entfernt von dicht besiedelten Landstrichen leben, kommt es immer wieder vor, dass einzelne Exemplare auf der Suche nach Abfällen in Ferienzentren vordringen. Daher finden die Urlauber sie manchmal am nächsten Morgen auch im Swimmingpool vor, und nicht selten lösen die Tiere eine regelrechte Panik aus, wenn sie plötzlich hinter einem Müllcontainer hervorkommen. Im Gegensatz zu einigen Krokodilarten sind bei Alligatoren aber nur wenige Fälle bekannt, bei denen Menschen tatsächlich angegriffen und getötet wurden.

Männliche Alligatoren, die viel größer sind als weibliche Tiere, hört man zur Paarungszeit sehr laut brüllen, weil sie auf diese Weise versuchen, eine Partnerin anzulocken. Gleichzeitig wird der Körper stark durchgebogen, damit Kopf und Schwanz aus dem Wasser ragen, und durch die Vibration des Brüllens kleine Wasserfontänen aus den Schuppen aufspritzen. Die Paarung findet im Wasser statt; anschließend werden die Eier in einem Nest aus Pflanzenteilen abgelegt, das dann etwa 65 Tage lang vom Weibchen bewacht wird.

Die Jungtiere haben zunächst eine schwarze Grundfärbung mit unregelmäßigen, gelben Querbinden. Diese werden aber später völlig von schwarzen Pigmenten überlagert oder von Algen überwachsen, sodass die Tiere dann einfarbig dunkel aussehen. Vereinzelt findet man unter den Jungkrokodilen auch immer einmal völlig weiß gefärbte Tiere, die in der Natur jedoch kaum eine Überlebenschance haben. Den Winter verbringen die Alligatoren häufig in selbst gegrabenen Höhlen. Zwischenzeitlich war der Mississippi-Alligator in seinem Bestand beträchtlich gefährdet, weil die Tiere vor allem wegen ihrer Haut, aus der man beispielsweise Handtaschen, Gürtel und Schuhe herstellte, erbarmungslos gejagt wurden. Daraufhin stellte man die Tiere unter strengen Schutz, sodass sich die meisten Populationen wieder erholten. Daher stammt das Krokodilleder, das heute in den Handel kommt, normalerweise auch von Krokodilfarmen, wo die Tiere in größerer Zahl gezüchtet werden, um ihre Häute zu vermarkten, sobald die Echsen ausgewachsen sind. Leider werden die Tiere in solchen Farmen jedoch häufig unter recht lebensunwürdigen Bedingungen gehalten.

Neben dem Mississippi-Alligator gibt es noch

eine zweite Alligatorenart, den China-Alligator (*Alligator sinensis*, siehe Abbildung oben), der nur in China und dort vor allem im Unterlauf des Yangtse sowie benachbarten Grassümpfen und Seen vorkommt. Er ist mit eineinhalb bis zwei Meter Größe deutlich kleiner als sein amerikanischer Verwandter und an der grünlich bis schwarzen Grundfärbung und den gelben Flecken und Streifen auf den Flanken zu erkennen.

Mohrenkaiman

BIOLOGISCHER STECKBRIEF

Wissenschaftlicher Name
Melanosuchus niger

Familie
Alligatoren (Alligatoridae)

Heimat
Südamerika

Lebensraum
In größeren Seen, Flüssen, Sümpfen und Überflutungsgebieten

Größe
4–6 m

Ernährung
Fische, Amphibien, Säugetiere, Vögel und Reptilien

Die südamerikanischen Verwandten der Alligatoren werden Kaimane genannt. Einer von ihnen ist der bis zu sechs Meter lange Mohrenkaiman – das größte Raubtier des Kontinents. Es handelt sich um massige Echsen, die auch Menschen gefährlich werden können, aber von wenigen Regionen in Guyana und einigen anderen Stellen ihres angestammten Verbreitungsgebiets abgesehen, überall sehr selten geworden sind.

Zu erkennen sind Mohrenkaimane an ihrer einfarbig schwarzen Oberseite und dem etwas helleren Kopf. Ihrer Beute, zu der beispielsweise Wasserschweine und Agutis gehören, lauern sie in der Ufervegetation auf oder sie liegen so im flachen Wasser verborgen, dass fast nur noch die Augen herausschauen. Häufig fressen die Panzerechsen aber auch Welse und andere Fische.

Die 50–65 Eier werden in einem Nest aus Pflanzenteilen abgelegt, das einen Durchmesser von eineinhalb Meter haben kann und nicht selten bis zu einen Meter hoch wird. Das Gelege wird bis zum Schlüpfen der etwa zehn Zentimeter langen Jungtiere vom Weibchen bewacht.

Ein Verwandter des Mohrenkaimans ist der Brillenkaiman (*Caiman yacare*, siehe Abbildung unten), der seinen Namen einer brillenartigen Querleiste zwischen den Augen verdankt, die ihn aussehen lässt, als trüge er einen Kneifer. Die vor allem in Brasilien, Paraguay und Argentinien vorkommende Art ist mit einer Länge von höchstens zweieinhalb Meter deutlich kleiner als der Mohrenkaiman, aber auch sehr viel häufiger. Zwischenzeitlich hatten allerdings auch die Bestände dieser Krokodilart deutlich abgenommen, weil die Tiere wegen ihrer Häute intensiv bejagt wurden. Inzwischen gehört der Brillenkaiman aber wieder zu den eher häufigeren Panzerechsen.

Ganges-Gavial

BIOLOGISCHER STECKBRIEF

Wissenschaftlicher Name
Gavialis gangeticus

Familie
Gaviale (Gavialidae)

Heimat
Südasien

Lebensraum
Hauptsächlich in größeren Flüssen

Größe
4–7 m

Ernährung
Vor allem Fische, aber gelegentlich auch Kleinsäuger oder Vögel

Ganges-Gaviale sind leicht am schlanken, olivgrünen Körper und ihrem schmalen Maul zu erkennen, an dessen Ende bei älteren Männchen zudem eine große, rundliche Wucherung sitzt. Und diesem knolligen Auswuchs verdanken die Tiere auch ihren Namen, denn der Begriff Gavial geht auf das indische Wort „ghara" zurück, was so viel wie Töpfchen bedeutet. Allerdings benötigt man schon reichlich Fantasie, um sich vorzustellen, die Tiere würden einen kleinen Topf auf ihrer Nasenspitze balancieren.

Ursprünglich waren diese eleganten Reptilien in weiten Teilen Pakistans, Indiens, Bangladeschs und Nepals weitverbreitet. Heute sind sie aus den großen Flusssystemen wie Ganges oder Indus allerdings weitgehend verschwunden und höchstens noch in entlegenen Zuflüssen in größerer Zahl anzutreffen. Obwohl männliche Ganges-Gaviale eine Länge von sieben Meter erreichen können, handelt es sich um eher harmlose Reptilien, die sich fast ausschließlich von Fischen ernähren, wobei ihnen die schmale, schlanke Schnauze und die langen Kiefer mit bis zu 100 Zähnen das Ergreifen der glitschigen Beute erleichtern. Bei der Jagd können Gaviale bis zu einer Stunde unter Wasser bleiben, bevor sie dann wieder auftauchen müssen, um Luft zu holen.

Neben Fischen fressen die asiatischen Krokodile manchmal auch Wasservögel oder kleine Säugetiere. Und früher glaubte man sogar, sie würden sich auch an Menschen vergreifen, weil man immer wieder einmal Schmuckstücke im Magen der Tiere gefunden hatte. Allerdings handelte sich dabei wohl um Bestattungsbeigaben von Verstorbenen, die in Teilen Nordindiens im Wasser beigesetzt werden und dann von den Reptilien gefressen wurden.

Sunda-Gavial

BIOLOGISCHER STECKBRIEF

Wissenschaftlicher Name
Tomistoma schlegelii

Familie
Gaviale (Gavialidae)

Heimat
Südostasien

Lebensraum
In Süßwassersümpfen, Seen und Flüssen

Größe
4,0–5,5 m

Ernährung
Hauptsächlich Fische

Der Tatsache, dass diese Art dem Ganges-Gavial *(Gavialis gangeticus)* ähnelt, verdanken die Tiere ihren umgangssprachlichen Namen. Allerdings wurden sie früher allgemein der Familie der Echten Krokodile zugeordnet, weshalb diese Art auch Falscher Gavial genannt wird. Erst neuere Untersuchungen sprechen sich für eine Zugehörigkeit zur Familie der Gaviale aus.

Sunda-Gaviale sind dunkelbraun mit undeutlichen, schwarzen Streifen auf dem Rücken; den knolligen Auswuchs, der bei den Männchen des Ganges-Gavials vorhanden ist, gibt es bei ihnen allerdings nicht. Die Tiere fressen fast ausschließlich Fische, für deren Fang ihr langes, schmales Maul mit den zahlreichen spitzen Zähnen gut geeignet ist. Vor allem durch Wilderei und Zerstörung ihres Lebensraums sind die Bestände stark gefährdet. Nach Schätzungen gibt es zurzeit höchstens noch 2500 Exemplare.

Nilkrokodil

BIOLOGISCHER STECKBRIEF

Wissenschaftlicher Name
Crocodylus niloticus

Familie
Echte Krokodile (Crocodylidae)

Heimat
Afrika und Madagaskar

Lebensraum
Flüsse und Seen

Größe
5,0–6,5 m

Ernährung
Säugetiere, Vögel, Reptilien, Amphibien, Fische, aber auch Aas

Den Ägyptern der Pharaonenzeit war das Nilkrokodil heilig, sodass man einzelne Exemplare in mit Gold verzierten Becken hielt und nach ihrem Ableben mumifizierte. Heute ist die Art am Nil, also der Region, der dieses große, unglaublich kräftige Krokodil seinen Namen verdankt, allerdings praktisch ausgestorben. In anderen Teilen Afrikas und auf Madagaskar kommen Nilkrokodile aber noch regelmäßig vor.

Typisch für die Furcht einflößenden Echsen ist die olivgrüne bis braune Grundfärbung mit Punkten und einer netzartigen Zeichnung, aber auch eine Kerbe im Oberkiefer, die den vierten Zahn des Unterkiefers aufnimmt, sodass er auch bei geschlossenem Maul ständig sichtbar ist.

Den Tag verbringen die Tiere zumeist am Ufer in der Sonne, wo sie das Maul oft weit geöffnet halten, um Flüssigkeit über die Schleimhäute zu verdunsten. Auf diese Weise kühlen sich Krokodile ab, denn sie besitzen keine Schweißdrüsen. Während der Mittagshitze kriechen sie aber oft auch in den Schatten oder ins Wasser, um sich Linderung zu verschaffen. Erblicken sie eine Beute, etwa ein zum Trinken ans Ufer kommendes Gnu oder Zebra, gleiten sie fast lautlos durchs Wasser und versuchen sich dem Opfer zu nähern. Manchmal machen auch mehrere Exemplare gemeinsam Jagd auf ein Beutetier.

Ausgewachsene Exemplare, die bis zu einer Tonne wiegen können, jagen häufig Gnus, Zebras und Büffel, gelegentlich aber auch Flusspferde, Löwen und fallen vereinzelt sogar einmal Menschen an. Die Opfer werden mit den kräftigen Kiefern gepackt und normalerweise unter Wasser gezogen, wo sie dann ertrinken. Häufig fressen Krokodile aber auch Aas. Da sie eine größere Beute mit ihren Zähnen nicht zerteilen können, verbeißen sie sich im Körper des Tieres und drehen sich dann ruckartig um ihre eigene Achse – oft auch mehrmals hintereinander – bis es ihnen gelingt, einen Fleischbrocken aus ihrem Opfer herauszureißen. Ist die Beute größer als ihr Hunger, verstecken sie den Rest manchmal unter einem überhängenden Uferbereich.

Recht ungewöhnlich ist das Paarungsritual der Nilkrokodile, bei dem das Männchen laut brüllend ein Uferstück verteidigt. Lockt das Brüllen ein Weibchen an, peitscht das Männchen mit seinem Schwanz das Wasser und sprüht Flüssigkeit aus seinen Nasenlöchern in die Luft. Sind andere Männchen in der Nähe, kann es zu Kämpfen kommen, die bis zu einer Dreiviertelstunde andauern können. War die Werbung erfolgreich, legt das Weibchen nach der Paarung 50–100 Eier in Sandgruben in Ufernähe ab und deckt diese dann mit Gras oder Sand wieder ab. Anschließend sorgt die Sonne für das Ausbrüten der Eier, was etwa drei Monate dauert, während die Mutter das Gelege bewacht, um Nesträuber, etwa Nilwarane *(Varanus niloticus)*, fernzuhalten. Sind die Jungen geschlüpft, rufen sie die Mutter durch ein ständig wiederholtes Quäken herbei, die ihren Nachwuchs dann aus ihrem unterirdischen Versteck befreit.

Nilkrokodil

Über die Gefährlichkeit des Nilkrokodils gibt es ganz unterschiedliche Angaben. So musste man in einigen Regionen Afrikas Schutzzäune errichten, damit die Frauen gefahrlos Wasser holen konnten, während in anderen Gebieten die Kinder augenscheinlich ungefährdet in den von Nilkrokodilen bewohnten Flüssen schwimmen.

Leistenkrokodil

BIOLOGISCHER STECKBRIEF

Wissenschaftlicher Name
Crocodylus porosus

Familie
Echte Krokodile (Crocodylidae)

Heimat
Süd- und Südostasien bis Nordaustralien und Südwestpazifik

Lebensraum
In küstennahen Flüssen und Lagunen, manchmal auch im offenen Meer

Größe
7–8 m

Ernährung
Vor allem Fische, Amphibien, Säugetiere, Vögel und Reptilien wie Schlangen und Schildkröten

Das Leistenkrokodil, das seinen Namen einer Doppelreihe kleiner Höcker auf der Schnauze verdankt, ist nicht nur das größte Krokodil der Erde, sondern sicher auch das für den Menschen gefährlichste. So werden aus dem gesamten Verbreitungsgebiet immer wieder Angriffe auf Menschen gemeldet, die nicht selten tödlich verlaufen. Und auch Schiffbrüchige sollen schon Opfer dieser gewaltigen Reptilien, die ein Gewicht von bis zu einer Tonne erreichen können, geworden sein, denn die großen Panzerechsen sind nicht selten auch im Meer zu finden. Nach Schätzungen fallen Leistenkrokodilen, die manchmal auch Salzwasserkrokodile genannt werden, alljährlich bis zu 1000 Menschen

zum Opfer, wobei Australien die meisten tödlichen Unfälle zu verzeichnen hat. Typisch für die Art sind die oberseits olivgrüne oder auch gelbbraune Färbung mit einem oft dunklen Punktmuster und die helle Unterseite. Außerdem gibt es rein schwarze Exemplare. Jungtiere haben noch eine helle Streifen- und Fleckenzeichnung, die im Verlauf ihrer Entwicklung allerdings verschwindet. Junge Leistenkrokodile ernähren sich vor allem von Insekten, Fischen und Amphibien; ausgewachsene Tiere fressen außerdem Vögel, andere Reptilien, etwa Schildkröten, aber auch größere Säugetiere. Letztere werden zunächst häufig mit einem Hieb des kräftigen Schwanzes betäubt, bevor die massigen Echsen dann durch die sogenannte Todesrolle Stücke aus dem Körper des Opfers herausreißen.

Bezüglich ihres Lebensraums sind Leistenkrokodile recht anpassungsfähig. Zwar findet man sie vor allem in küstennahen Brackwassergebieten, etwa Flussmündungen, aber junge Männchen werden häufig von größeren Artgenossen vertrieben und wandern dann nicht selten flussaufwärts, um sich im Landesinneren einen neuen Lebensraum zu suchen. Und weil Leistenkrokodile ganz ausgezeichnet schwimmen können, scheuen sie auch nicht vor einem Ausflug ins offene Meer zurück, was sicher zu ihrer sehr weiten Verbreitung beigetragen hat. So hat man schon Exemplare entdeckt, die sich fast 1000 Kilometer vom nächsten Festland entfernt auf hoher See befanden.

Die bis zu 90 Eier werden zumeist in einem Nesthügel aus Pflanzenmaterial verborgen und von der Mutter bewacht. Die befreit dann später auch die frisch geschlüpften, zu diesem Zeitpunkt bereits bis zu 30 Zentimeter langen Jungtiere aus ihrem Versteck und trägt sie in ihrem riesigen Maul zum Wasser. Dort können sie dann innerhalb eines Jahres zu einer Länge von 80 Zentimeter heranwachsen. Allerdings gelingt dies nur wenigen, denn junge Leistenkrokodile haben viele Feinde. Dagegen müssen sich ausgewachsene Tiere nur vor dem Menschen fürchten. Und dazu hatten die Tiere, zumindest in der Vergangenheit allen Grund, denn noch vor etwa 50 Jahren wurden alljährlich Hunderttausende dieser großen Echsen abgeschossen, um ihre Häute zu Krokodilleder zu verarbeiten. Heute stammt das Leder dagegen zumeist aus Krokodilfarmen.

Register

Register